AF878156

ABHANDLUNGEN
DER AKADEMIE DER WISSENSCHAFTEN
DER DDR
Abteilung Veröffentlichungen der wissenschaftlichen Räte

Jahrgang 1978 · Nr. W 5

Tagung des Rates für staats- und rechtswissenschaftliche Forschung
an der Akademie der Wissenschaften der DDR
vom 28. 10. 1977

Die Oktoberrevolution und die Staatsfrage im Marxismus-Leninismus

AKADEMIE-VERLAG · 1978

Herausgegeben im Auftrage des Präsidenten der Akademie
der Wissenschaften der DDR von Vizepräsident
Prof. Dr. Heinrich Scheel

Verantwortlich für dieses Heft:
Prof. Dr. Gerhard Schüßler
Vorsitzender des Rates für staats- und rechtswissenschaftliche Forschung
an der Akademie der Wissenschaften der DDR

Redaktionsschluß: 27. 2. 1978

Erschienen im Akademie-Verlag, 108 Berlin, Leipziger Straße 3–4
© Akademie-Verlag Berlin 1978
Lizenznummer: 202 · 100/245/78
Gesamtherstellung: VEB Druckhaus Köthen
Bestellnummer: 753 614 4 (2001/78/5/W) · LSV 0425
Printed in GDR
DDR 10,– M

Inhaltsverzeichnis

Vorwort

Dem vorliegenden Sammelband liegt eine wissenschaftliche Konferenz des Rates für staats- und rechtswissenschaftliche Forschung zu Ehren des 60. Jahrestages der Großen Sozialistischen Oktoberrevolution zugrunde. Die Festveranstaltung, die gemeinsam mit leitenden Staatsfunktionären des Bezirkes Rostock begangen wurde, hatte das Ziel, in Würdigung des großen historischen Ereignisses, aus aktueller Sicht die für die Staats- und Rechtswissenschaft relevanten Probleme zu behandeln und gemeinsam mit den Vertretern der Staats- und Rechtspraxis neue wissenschaftliche Fragestellungen zu erörtern und zu entwickeln.

Besondere Aufmerksamkeit galt der wissenschaftlichen Würdigung des Leninschen Werkes „Staat und Revolution“ und dessen fundamentaler Rolle für die marxistisch-leninistische Staats- und Rechtswissenschaft, für die gesellschaftliche Praxis von Staat und Recht.

Ausgehend von der Allgemeingültigkeit der Lehren der Oktoberrevolution auf dem Gebiet von Staat und Recht, ihrer aktuellen Bedeutung in der internationalen Klassenauseinandersetzung und den politischen Erfahrungen bei der Errichtung der sowjetischen Staats- und Rechtsordnung, wurden theoretische Grundprobleme ihrer schöpferischen Anwendung bei der Errichtung, Leitung und Organisierung der sozialistischen Staatsmacht in der DDR, der Gestaltung ihrer Staats- und Rechtsordnung im Prozeß der weiteren Vervollkommnung der sozialistischen Demokratie aufgezeigt und anschaulich durch beeindruckende Beispiele für die revolutionäre Umgestaltung, die sich im nördlichen Bezirk unserer Republik seit der Zerschlagung des Hitlerfaschismus vollzogen hat, belegt.

Wolfgang Weichelt

Die Lehren der Großen Sozialistischen Oktoberrevolution und einige Fragen der Staatstheorie

Die welthistorische Bedeutung der Oktoberrevolution wird immer darin bestehen, daß sie das Zeitalter des *praktischen* Übergangs vom Kapitalismus zum Kommunismus in der Welt eingeleitet hat. Die Große Sozialistische Oktoberrevolution hat nicht nur die Richtigkeit der weltverändernden Theorie des Marxismus-Leninismus bestätigt, sondern sie hat dieser Theorie viele neue Erkenntnisse hinzugefügt, die heute Allgemeingut der revolutionären Arbeiterbewegung in aller Welt sind. Diese Feststellung betrifft auch die Frage des Staates und des Rechts. Indem die sozialistische Oktoberrevolution den unversöhnlichen Gegensatz zwischen dem Ausbeuterstaat und dem sozialistischen Staat, zwischen dem Ausbeuterrecht und dem sozialistischen Recht in der gesellschaftlichen Praxis aufzeigte, hat sie bestätigt, daß Staat und Recht Instrumente und Organisationsformen der Klassenherrschaft sind. Sie hat unter Beweis gestellt, daß es vom Wesen und vom Charakter der herrschenden Klasse abhängt, welche Rolle Staat und Recht in der Gesellschaft spielen; ob sie Instrumente zur Verhinderung oder zur Organisierung des gesellschaftlichen Fortschritts sind. Die Große Sozialistische Oktoberrevolution hat bewiesen, daß die Frage der politischen Macht entscheidend für die sozialistische Umgestaltung der Gesellschaft ist. Sie hat die Hauptrichtungen aufgezeigt, in denen der sozialistische Staat und das sozialistische Recht wirksam werden müssen, um diese Umgestaltung zu vollbringen, und sie hat die Bedingungen aufgedeckt, unter denen Staat und Recht diese gesellschaftliche Funktion erfolgreich erfüllen können. War es vorher nur im allgemeinen und prinzipiellen klar, daß die Arbeiterklasse zur Umwälzung der alten Gesellschaftsverhältnisse ihre eigene, revolutionäre politische Macht, ihre Klassendiktatur gegenüber den gestürzten Ausbeuterklassen benötigte, so hat der Rote Oktober und hat der erfolgreiche Aufbau des Sozialismus sichtbar gemacht, *wie* diese Macht beschaffen sein muß, *wie* sie funktionieren muß und *welches* die allgemeinen Gesetze ihres erfolgreichen Wirkens und ihrer Entwicklung sind.

Solche Grunderkenntnisse der marxistisch-leninistischen Staatstheorie, wie die Notwendigkeit der führenden Rolle der marxistisch-leninistischen Partei in der gesamten staatlichen Tätigkeit, die immer breitere Einbeziehung der werktätigen Massen in die staatliche Leitung der Gesellschaft, die fortwährende Ausgestaltung des demokratischen Zentralismus in der staatlichen Leitung, die planmäßige Organisation der gesellschaftlichen Arbeit und der Entwicklung der Produktivkräfte, die Erziehung der Massen zu sozialistischem Verantwortungsbewußtsein gegenüber der Gesellschaft, sind unmittelbare theoretische Ergebnisse des Roten Oktober und des Aufbaus der Sowjetmacht.

Der Rote Oktober des Jahres 1917, die praktische und theoretische Arbeit der Partei Lenins und die Anstrengungen des Sowjetvolkes zur Festigung und Entwicklung des Sowjetstaates legten den Grundstein dafür, daß es heute eine sozialistische Staatengemeinschaft gibt, das alte Kolonialsystem zusammengebrochen ist, sich viele Völker dieser

Erde national und sozial befreien und der Sozialismus mehr und mehr das Weltgeschehen bestimmt. Es ist auch dem Roten Oktober zuzurechnen, daß heute in vielen Hauptländern des Kapitals nicht nur einflußreiche kommunistische Parteien existieren, mit denen das herrschende imperialistische System zu rechnen hat, sondern daß sich in diesen Ländern zugleich vielfältige andere soziale Kräfte und Gruppen immer aktiver und wirksamer am Klassenkampf gegen die imperialistische Ausbeutungs-, Unterdrükkungs- und Aggressionspolitik beteiligen.

Aus dem Zündfunken des Roten Oktober hat sich die mächtige Flamme der revolutionären Weltbewegung entwickelt. Sie bewirkt, daß der Imperialismus von heute nicht mehr schalten und walten kann, wie er möchte, daß seine Manövrierfähigkeit eingeschränkt ist, daß er unter dem Zwang der Anpassung an ein völlig neues Kräfteverhältnis steht, daß er verzweifelt, aber vergeblich, nach Wegen sucht, um den wachsenden Einfluß des Sozialismus und der nationalen und sozialen Befreiungsbewegung der Völker aufzuhalten und zu schwächen, und daß sich alle seine Manöver letztlich gegen ihn selbst kehren. Sie bewirkt, daß sich der Imperialismus in der historischen Defensive befindet, während Kraft und Einfluß des Sozialismus und der antiimperialistischen Befreiungsbewegung ständig wachsen.

Mit der Oktoberrevolution trat der Widerspruch zwischen Kapital und Arbeit, zwischen Arbeiterklasse und Bourgeoisie, der in den kapitalistischen Ländern nach wie vor das innere Leben der Gesellschaft im nationalen Rahmen bestimmt, zum erstenmal auch als Gegensatz zweier staatlich organisierter Gesellschaftssysteme hervor. Dieser Widerspruch bestimmt seither das Weltgeschehen und wird es bestimmen, bis der Sozialismus endgültig in der Welt gesiegt haben wird.

Die Oktoberrevolution zerstörte den Mythos vom Staat als einer angeblich klassenneutralen Einrichtung. Dieser Mythos, der in allen vorangegangenen Ausbeutergesellschaften jahrhundertelang sorgsam gepflegt wurde, um die arbeitenden Massen in Botmäßigkeit zu halten, wird auch heute noch von den Antikommunisten der verschiedensten Schattierung mit großem Eifer verbreitet, um das wirkliche Wesen des Staates, vor allem der imperialistischen Klassenmacht zu verschleiern. Der Imperialismus weiß genau, was er tut, wenn er auch heute in unterschiedlichsten Variationen die Theorie des politischen Pluralismus verbreitet und die Menschen glauben machen will, der Staat sei der neutrale Katalysator der Interessen rivalisierender Gruppen, indem er diese Gruppen angeblich zu einem Kompromiß zusammenführe. Dabei wird bewußt übergangen, daß dieser angeblich neutrale Katalysator jedesmal, wenn die Ausbeutermacht wirklich ernsthaft bedroht ist mit allen Mitteln der Gewalt und des Terrors gegen die Werktätigen vorgeht. Ihr Widerstand gegen die herrschende Ordnung wird dann durch Diffamierung, Berufsverbot, politischen Mord und, wenn nicht anders möglich, auch durch die Errichtung offen faschistischer Regierungsformen unterdrückt. Es stört die Theoretiker und Ideologen dieses Pluralismus in keiner Weise, daß es in der kapitalistischen Gesellschaft diesen so intensiv verbreiteten Pluralismus weder gibt, noch geben kann. Es stört auch diese Vertreter der Lehre vom „neutralen“ Staat nicht, daß gerade dieser angeblich neutrale bürgerliche Staat seit dem Oktober 1917 unausgesetzt die Sowjetunion attackiert, sie durch bewaffnete Intervention, durch wirtschaftlichen Boykott, durch Krieg und beispiellose Verwüstungen von der politischen Landkarte zu beseitigen versuchte und bis zur heutigen NATO einen Antikominternpakt nach dem anderen zusammenzimmerte.

Wir wissen nur zu gut, daß es dem Antikommunismus nicht um wissenschaftliche

Wahrheit, sondern allein um den Kampf gegen den realen Sozialismus und gegen den unaufhaltsamen Siegeszug der Ideen des Roten Oktober geht. Zeigt doch gerade die Oktoberrevolution, daß die Klarheit der arbeitenden Massen über das Klassenwesen des Staates, über die Frage der politischen Macht, Sieg oder Niederlage der proletarischen Revolution maßgeblich mitentscheidet. Die politisch-ideologische Klarheit in der Staatsfrage ist für die Arbeiterklasse eine der ideologisch-theoretischen Grundvoraussetzungen ihrer Befreiung, ihres politischen und schließlich auch ökonomischen Sieges über die Bourgeoisie. Die Furcht vor dieser Klarheit treibt den Imperialismus zu immer neuen Erfindungen und Verfälschungen gerade der Staatsfrage, zu heuchlerischen Tiraden über allgemeine Menschenrechte, hinter denen die unmenschliche Praxis der kapitalistischen Ausbeutung, der Rassendiskriminierung, der Hexenjagd auf Kommunisten und der Diffamierung aller progressiven Kräfte verborgen werden soll. Gerade diese Praxis ist es aber, die den Klassencharakter des bürgerlich-imperialistischen Staates täglich aufs neue offenbart. Der Rote Oktober beweist natürlich, daß die herrschenden imperialistischen Arbeiter aller Länder nicht ohne Grund vor einer in der Staatsfrage mit wissenschaftlicher Klarheit und revolutionärer Entschlossenheit handelnden Arbeiterklasse zittern: Einer der Hauptgründe für den Sieg der Oktoberrevolution und für die erfolgreiche Entwicklung des Sowjetlandes war die in der Frage der politischen Macht, in der Frage des Staates zielklare und wissenschaftlich fest fundierte Politik der Kommunistischen Partei der Sowejtunion, die unter der unmittelbaren Leitung Lenins und später getreu seinen Lehren und Erkenntnissen die Arbeiterklasse und die Volksmassen des Sowjetlandes auf dem Wege des sozialistischen und kommunistischen Aufbaus voranführte und führt. Heute, am 60. Jahrestag dieser Revolution, hat sich das Sowjetvolk seine neue Verfassung gegeben. Sie ist ein Dokument von welthistorischer Bedeutung, das die Ergebnisse 60jähriger Mühen und opferreichen Anstrengungen, 60jähriger zielklarer Führungsarbeit der Partei zusammenfassend bilanziert, und die neuen Perspektiven, die neuen Aufgaben der Sowjetmacht verbindlich fixiert. Sie ist ein Dokument, in dem die Grundsätze des Zusammenwirkens aller politischen Kräfte der Gesellschaft, der gesamten politischen Organisation der Sowjetgesellschaft aus den Erfahrungen der Geschichte heraus formuliert sind, ein Dokument, in dem nicht nur Rechte und Pflichten des Menschen deklariert, sondern exakt die gewachsenen und wachsenden ökonomischen, sozialen, politischen und juristischen Garantien ihrer Verwirklichung festgelegt sind, ein Dokument, das beweist, wie ein menschenwürdiges Leben für die werktätigen Massen des Volkes durch sie selbst, durch ihre eigene Schöpferkraft geschaffen wird, wenn sie diese Schöpferkraft zugleich als politische Macht zu organisieren vermögen.

Es war Wladimir Iljitsch Lenin, der am Voarbend des Großen Oktober in seiner Schrift „Staat und Revolution“ die theoretischen Positionen des Marxismus in der Staatsfrage unter den Bedingungen des Imperialismus herausarbeitete, weiterführte und die opportunistischen Entstellungen und Verfälschungen dieses Problems wissenschaftlich widerlegte. Er rüstete die Kommunisten mit einer diesen neuen Bedingungen des Klassenkampfes entsprechenden wissenschaftlichen Strategie zur Frage des Staates aus, die bis zum heutigen Tage allen Prüfungen der Geschichte standgehalten hat.

Unter Lenins Führung wandte die Partei diese wissenschaftliche Strategie auf die konkreten Verhältnisse im damaligen Rußland an und errichtete – indem sie ihre eigene wissenschaftliche Voraussicht mit der revolutionären Energie der unterdrückten und ausgebeuteten Massen der Völker Rußlands vereinigte – die Macht der Sowjets.

Worin bestand das „Geheimnis“ des Sieges der Sowjetmacht? Es bestand darin, daß sich die Sowjets nicht als „Ersatz“ oder als „Neuauflage“ herkömmlicher parlamentarischer Körperschaften begriffen. Sie waren sich ihrer Rolle als politische Organe der Klassenherrschaft der Arbeiter und Bauern bewußt und traten in allen ihren Aktionen als diese Organe der revolutionären Klassenmacht auf, verwirklichten praktisch und unmittelbar, was für die Arbeiter und Bauern nützlich war.

Die Sowjets waren die politische Form, in der und durch die die revolutionäre marxistisch-leninistische Partei der Arbeiterklasse, ausgerüstet mit der wissenschaftlich fundierten Weltanschauung des Marxismus-Leninismus, die ganze Masse der Arbeiter, der armen Bauern und der anderen Werktätigen zusammenführte, sie organisierte, ihnen die objektiv notwendigen Aufgaben, die das Werk ihrer eigenen Befreiung erforderte, zum Bewußtsein brachte, sie politisch aktivierte und diese Aufgaben gemeinsam mit ihnen verwirklichte.

Es ist eine der grundlegenden Lehren des Roten Oktober, „Staat und Revolution“, die Lenin durch die Praxis bestätigte und beschäftigte und die bis zum heutigen Tag an theoretische Schlußfolgerung und Aktualität nichts verloren hat.

Die Arbeiterklasse, die für eine Gesellschaft ohne Klassen und ohne Staat kämpft, kann dieses Ziel weder dadurch erreichen, daß sie auf einer Woge revolutionärer Begeisterung für die Revolution und tiefer Empörung über den verhaßten Staat der Ausbeuter jede Art staatlicher Organisation radikal beseitigt, wie das die Anarchisten bis heute noch glauben, noch dadurch, daß sie die alte bürgerliche Staatsmaschine übernimmt und für ihre, dem bisherigen Ausbeuterstaat entgegengesetzten Zwecke benutzen zu können glaubt, wie das früher die Opportunisten um Kautsky den Arbeitern einredeten und wie es heute immer noch zu hören ist. Das erstere ist eine absurde Träumerei, das letztere der sichere Untergang der Revolution.

Um ihr Ziel, die klassenlose Gesellschaft zu erreichen, muß die Arbeiterklasse vielmehr diese alte bürgerliche Staatsmaschine zerschlagen und ihre eigene staatliche Machtorganisation schaffen. Um *erstens* – wie Lenin schrieb – den unvermeidlichen Widerstand der gestürzten Ausbeuterklassen zu unterdrücken und niederzuhalten, den diese der sozialistischen Umgestaltung entgegensetzen und um *zweitens* die große Masse der Bevölkerung, der Bauernschaft, des Kleinbürgertums, der Halbproletarier zu leiten und zu organisieren, damit die sozialistische Wirtschaft in Gang kommt.

Diese entscheidende Erkenntnis trennt – unabhängig von der Vielfalt der Formen, in denen sich die Zerschlagung der alten bürgerlichen Staatsmaschine und entsprechend auch die Formierung der neuen Staatsmacht der Arbeiter und Bauern in diesem oder jenem Land vollzog oder vollziehen wird – den Marxismus-Leninismus in der Staatsfrage von allen bürgerlich-revisionistischen und anarchistischen Staatsauffassungen.

Sei es die Oktoberrevolution in Rußland, sei es die deutsche Novemberrevolution des Jahres 1918, sei es die ungarische des Jahres 1919 oder die bayrische Räterepublik, seien es die Sowjets in der Slowakei und vielen anderen Ländern, sei es die Errichtung der volksdemokratischen Staaten Europas nach dem 2. Weltkrieg, sei es Kuba, Vietnam oder auch das Chile des Jahres 1973 – immer war die Frage der Zerschlagung des alten bürgerlichen Staatsapparates und die Errichtung eines neuen, proletarischen Machtapparates, der als Instrument der Revolution wirksam wird, die Kernfrage, die über Sieg oder Niederlage der Revolution entschied.

Das gilt natürlich zuallererst für die vorwiegend „repressiven“ Teile des alten bürgerlichen Staates, seine Polizei, Gerichte und seine Armee. Es gilt aber auch, wie die Erfahrung der relativ „friedlichen" revolutionären Entwicklung zeigt, für jene Teile des bürgerlichen Staatsapparates, die nicht vorwiegend der unmittelbaren Repression dienen und von der Arbeiterklasse in ihrer Revolution zeitweilig übernommen werden, die für das „Ingangbringen" der sozialistischen Wirtschaft zunächst ausgenutzt werden können. Ausnutzen derart, wie das Lenin ausführlich in seiner Schrift „Werden die Bolschewiki die Staatsmacht behaupten?" begründete. Auch sie müssen letzten Endes, *nach* ihrer *sofortigen* Unterordnung unter die neuen Machtorgane der Revolution, Schritt für Schritt zielstrebig und konsequent entsprechend den Bedürfnissen der *sozialistischen* ökonomischen und sozialen Entwicklung der Gesellschaft nicht nur ihrem Inhalt, sondern auch ihrer Form, ihrer Organisation und Arbeitsweise nach umgestaltet werden. Das wird durch die bisherige Erfahrung aller sozialistischen Länder bestätigt.

Diese Erfahrung bestätigt auch, daß die Notwendigkeit der Zerschlagung der alten bürgerlichen Staatsmaschine nicht beseitigt, sondern nur in ihrem zeitlichen Ablauf und in den Formen ihrer Realisierung modifiziert wird, wenn die sozialistische Revolution auf Grund des internationalen und inneren Kräfteverhältnisses der Klassen einen relativ „friedlichen" Verlauf nimmt, d. h. wenn sie ohne Bürgerkrieg und ohne gewaltsamen bewaffneten revolutionären Umsturz eingeleitet werden kann. Diese Möglichkeit schloß Lenin bekanntlich im April und nach dem Kornilowputsch selbst im September 1917 für das damalige Rußland nicht aus. Deshalb zielt eine Argumentation ins Leere, die eine relativ friedliche Umgestaltung des alten bürgerlich-bürokratischen Staatsapparates der revolutionären Zerschlagung gegenüberstellt und damit noch glaubt, die Erkenntnisse Lenins über die Staatsfrage in der sozialistischen Revolution „weiterentwickeln" zu können. Die Möglichkeit einer relativ friedlichen Entwicklung der Revolution oder die Möglichkeit der Ausnutzung bestimmter Teile des alten Staates ist Bestandteil der marxistisch-leninistischen Theorie. Es sind vielmehr die „Leninverbesserer" aller Art, die die Augen vor der Unvermeidlichkeit des Widerstandes der Konterrevolution verschließen, wenn sie die gefährliche Illusion einer ausschließlich friedlichen Umwandlung des bürgerlichen Staates nähren, die Illusion nämlich, daß mit dem Machtapparat der herrschenden imperialistischen Bourgeoisie die Ziele der Arbeiterklasse ebensogut zu realisieren wären, wenn dazu nur die richtigen parlamentarischen Mehrheitsbeschlüsse gefaßt würden. In der geschichtlichen Wirklichkeit und auch in der Theorie können nicht die „friedliche" und die „gewaltsame" Form der sozialistischen Revolution einander gegenübergestellt werden, weil sich in der Praxis stets beide Formen miteinander verknüpfen. Das entscheidende Problem besteht nicht darin, ob der alte Staatsapparat der Bourgeoisie *sofort* und in einem einzigen revolutionären Ansturm der unterdrückten Klassen oder aber in einer längeren Periode revolutionärer Umgestaltung beseitigt wird, sondern darin, daß er beseitigt werden *muß*, will die Arbeiterklasse mit Erfolg ihre geschichtliche Aufgabe des sozialistischen und kommunistischen Aufbaus beginnen. Der bürgerliche Staatsapparat ist weder von seiner personellen Zusammensetzung noch von seiner Struktur, von den Prinzipien seiner Arbeitsweise und von seinen Traditionen her geeignet, Instrument zur Verwirklichung der Interessen der Arbeiterklasse zu sein. Die Arbeiterklasse kann das von den Ausbeuterklassen geschaffene und von diesen fortwährend vervollkommnete „ungeheure Staatsgebäude" nicht „als die Hauptbeute des Siegers" betrachten, wie dies alle Fraktionen der Bourgeoisie in ihren Machtkämpfen untereinander tun, sondern muß dieses Gebäude im Interesse der Entfaltung der Schöpferkräfte der Massen beseitigen. Ein völlig anderes Problem ist dann die *Art und Weise* der Beseitigung des bürgerlichen Staatsapparates in jedem einzelnen

Land, das den Weg zum Sozialismus beschreitet. Diese Frage muß von der Arbeiterklasse dieses Landes und ihrer marxistisch-leninistischen Vorhut entsprechend den jeweils konkreten Bedingungen des Klassenkräfteverhältnisses entschieden werden muß.

Das *Allgemeingültige* der Lehren des Großen Oktober in der Staatsfrage besteht nicht darin, daß der alte Staatsapparat in jedem Land *auf die gleiche Weise* beseitigt werden muß, sondern darin, *daß* er zerschlagen werden muß, will die Arbeiterklasse die Macht nicht nur erringen, sondern auch erfolgreich behaupten und mit der Verwirklichung ihrer sozialen Interessen, dem Aufbau eines ausbeutungsfreien, menschenwürdigen Lebens vorankommen.

Es ist erwiesen, daß die Bourgeoisie der sozialistischen Umgestaltung der Gesellschaft unvermeidlich den härtesten und entschlossensten Widerstand entgegensetzt, dessen sie in der jeweils gegebenen Situation fähig ist. Sie wird dafür insbesondere jene Mittel, Möglichkeiten und Positionen nutzen, die ihr im Staatsapparat selbst bzw. an Einfluß auf ihn zeitweilig verbleiben. Deshalb hat sich die möglichst rasche und konsequente Zerschlagung vor allem der vorwiegend repressiven Organe und Bestandteile des alten bürgerlichen Staatsapparates *und* die bedingungslose Unterordnung des *gesamten* Staatsapparates unter die Kontrolle der revolutionären Machtorgane des neuen Staates in den bisherigen sozialistischen Revolutionen auch insofern als Vorteil für die Arbeiterklasse erwiesen, als dadurch die Umgestaltung der Gesellschaft mit den wenigsten Opfern verbunden war. Je konsequenter die Zerschlagung der alten Staatsmaschine erfolgte, je entschlossener die Arbeiterklasse ihre eigene Staatsmacht errichtete und nutzte, desto weniger war die Konterrevolution in der Lage, ihren blutigen Terror zu entfesseln.

Die Diktatur des Proletariats ist eben auch deshalb unabdingbar für den endgültigen Sieg über die politisch entmachteten Ausbeuterklassen, weil sie der Arbeiterklasse einen relativ friedlichen Übergang in die neue Gesellschaft gewährleistet und der Entfaltung der Konterrevolution keine Chance gibt. Dabei zeigt die Erfahrung, daß die Möglichkeit der Anzettelung konterrevolutionärer Aktionen in den einzelnen Ländern unterschiedlich lange besteht, auch dann noch, wenn die Ausbeuterklassen als soziale Kategorie bereits überwunden sind. Hier sind die Wechselbeziehungen zwischen der inneren sozial-ökonomischen, politischen und ideologischen Entwicklung und dem Einfluß sowie den Einflußmöglichkeiten des Imperialismus jeweils konkret in Rechnung zu stellen. Die geschichtliche Praxis lehrt, daß solche Einflußmöglichkeiten im Zusammenhang mit historischen Traditionen, ethnischen Bindungen und anderen inneren Faktoren, die den Boden für das Wirken antisozialistischer Kräfte bilden können, in einzelnen Ländern in unterschiedlichem Maße auch nach der Beseitigung der Ausbeuterklassen noch geraume Zeit weiter existieren können. Sie lehrt das historisch konkrete Herangehen gerade an die Fragen des Staates, und sie lehrt vor allem, daß es keinen anderen Weg zu jener höheren Stufe der Gesellschafts- und Staatsentwicklung gibt, den heute die neue Verfassung der UdSSR bestätigt, als die erfolgreiche Verwirklichung der Diktatur des Proletariats in der für das jeweilige Land auf dem Wege zum Sozialismus notwendigen spezifischen Form. Die Oktoberrevolution hat mit der Zerschlagung des alten Staatsapparates der Bourgeoisie zugleich die Hauptmerkmale des *proletarischen* Staatstyps praktisch herausgearbeitet und den Nachweis erbracht, wodurch die zerschlagene Staatsmaschine zu ersetzen ist. Diese Hauptmerkmale, die Karl Marx bereits an den Organisations- und Arbeitsprinzipien der Pariser Kommune analysierte, bestätigten sich in der Oktoberrevolution durch die Sowjets. Die Oktoberrevolution hat gezeigt – alle anderen sozialistischen Revolutionen bestätigten es –, daß die Machtorgane des sozialistischen

Staates *politische* Organisationsformen sind, durch die der bewußteste und führende Teil der Arbeiterklasse, die marxistisch-leninistische Partei, das Bewußtsein der objektiv notwendigen Schritte auf dem Weg des gesellschaftlichen Fortschritts vermittelt und diese Schritte gemeinsam mit der Masse aller Werktätigen praktisch und für alle verbindlich organisiert. Sie sind staatliche Organisationsform der werktätigen Massen, mittels der die Massen – sowohl über ihre politischen Organisationen als auch unmittelbar durch die Arbeit in den Kommissionen dieser Machtorgane – maßgeblichen Einfluß auf die staatliche Arbeit, die staatlichen Entscheidungen nehmen und direkt die gesamte Tätigkeit des Staates kontrollieren.

Das ist etwas prinzipiell anderes als bürgerlicher Parlamentarismus: Es ist die praktische Verwirklichung der führenden Rolle der Arbeiterklasse und ihrer marxistisch-leninistischen Partei, die praktische Verwirklichung ihrer Bündnispolitik mittels des Staates und durch den Staat. Führende Rolle der Arbeiterklasse und Bündnispolitik kann in der Praxis nur bedeuten, die Massen für die Lösung der notwendigen Aufgaben des sozialistischen und kommunistischen Aufbaus zu gewinnen und ihre Aktivität zur Lösung dieser Aufgaben zu organisieren.

Die sozialistischen Volksvertretungen sind politische Organe, die bewußt und zielstrebig in der praktischen Organisation der sozialistischen und kommunistischen Umgestaltung der Gesellschaft das Bündnis der führenden Arbeiterklasse und ihrer marxistisch-leninistischen Partei mit allen anderen Werktätigen ständig festigen, die in diesem praktischen Prozeß der sozialistischen Umgestaltung der Gesellschaft das politische und sachkundige Anteilsvermögen der werktätigen Massen, ihr gesellschaftliches Verantwortungsbewußtsein und Engagement entwickeln, und die auf diese Weise die Gestaltung der gesellschaftlichen Lebensverhältnisse immer mehr zu einer gemeinsamen, bewußten und organisierten Sache der Massen selbst machen.

Es ist für die praktische Arbeit der Abgeordneten und die Mitarbeiter des Staatsapparates außerordentlich wichtig zu verstehen, daß die Machtorgane des sozialistischen Staates keine Parlamente im herkömmlichen bürgerlichen Sinne sind, daß der Staat keine über der Gesellschaft stehende „neutrale“ Macht ist, sondern daß sie politische Instrumente der Arbeiterklasse und ihrer Verbündeten zur praktischen Organisierung der sozialistischen Umwälzung sind. Sie sind Instrumente zur praktischen Organisierung der Überwindung des Klassenantagonismus, zur Entwicklung der politischen und ideologischen Einheit des Volkes und zur allmählichen Aufhebung der Klassenunterschiede. Der wichtigste Grundsatz in der Arbeit der sozialistischen Volksvertretungen besteht daher in ihrer engen Verbundenheit mit den werktätigen Massen im Prozeß der Vorbereitung, der Durchführung, der Entscheidung und der gesellschaftlichen Kontrolle ihrer Ergebnisse. Dabei muß sich natürlich im Zusammenhang mit den zunehmend komplizierter werdenden Problemen einer komplexen und sachkundigen Leitung der gesellschaftlichen, ökonomischen und sozialen Entwicklungsprozesse auch der Charakter der Volksvertretungen als arbeitende Körperschaften entwickeln und vervollkommnen. Die Richtung dieser Entwicklung und Vervollkommnung kann nicht darin bestehen, daß die Volksvertretungen Funktionen der unmittelbaren operativen Leitung übernehmen, die ihren Räten obliegt. Sie besteht vielmehr darin, daß die Sachkunde der Mitarbeiter der staatlichen Organe, die Entscheidungsentwürfe vorbereiten, immer enger mit der spezifischen, anders gearteten Sachkunde der Abgeordneten – nämlich ihrer unmittelbaren Kenntnis und konzentrierten Erfahrung über die Bedürfnisse der Menschen sowie die Wirkungen staatlicher Entscheidungen – zu einer Einheit verbunden wird. Diese Vereinigung der spezifischen, spezialisierten und detaillierten Kenntnisse aus der Arbeit des staatlichen Apparates mit der ebenfalls spezifischen, breiter gelagerten und fachspezifischen Kenntnis unmittelbarer sozialer Erfahrung der Abgeordneten, ihren Kenntnissen und Erfahrungen über die nutzbaren nicht nur materiellen, sondern auch sozialen Reserven des gesellschaftlichen Fortschritts, ist heute ein unabdingbares Element der Wissenschaftlichkeit staatlicher Entscheidungen. Sie charakterisiert zugleich die politischen Machtorgane des sozialistischen Staates als gewählte Organe der Gesetzgebung und der Gewährleistung revolutionärer sozialistischer Gesetzlichkeit wie auch als Organe der unmittelbaren Massenbewegung für die praktische Gestaltung der sozialistischen und kommunistischen Gesellschaft selbst, wie es Lenin formulierte: als spezifische „Massenorganisationen", in denen die Vereinigung aller Strukturelemente der politischen Organisation der sozialistischen Gesellschaft politisch-staatlich zum Ausdruck kommt. Es ist vor allem diese funktionelle politische Einheit, dieser „Doppelcharakter" – daß die Organe der Staatsmacht, der Gesetzgebung und der Sicherung der sozialistischen Gesetzlichkeit zugleich Organe der werktätigen Massen selbst, spezifische „Massenorganisationen" sind –, der gewährleistet, daß sich in den sozialistischen Volksvertretungen das gesamte System der politischen Organisationen der Werktätigen als staatliche Macht nicht nur widerspiegelt, sondern zugleich als einheitliche gesellschaftliche Kraft zielgerichtet wirksam wird.

Nicht in allen sozialistischen Staaten haben die sozialistischen Revolutionen solche Organe hervorgebracht, die sich, ähnlich den Sowjets, zu Machtorganen der Arbeiterklasse sofort hätten konstituieren können. In einigen Ländern – unter anderem in der DDR – mußte die Arbeiterklasse mangels solcher Organe der revolutionären Massenbewegung zunächst auf traditionelle parlamentarische Formen zurückgreifen. Aber auch das geschah nicht sofort, sondern erst, nachdem die antifaschistisch-demokratischen Kräfte des Volkes unter Führung der Arbeiterklasse die Reste des alten Staatsapparates zerschlagen und den neuen Staats*apparat* in seinen Grundzügen errichtet und mit zuverlässigen Kadern aus ihren Reihen besetzt hatten. Erst dann fanden Wahlen zu den Vertretungsorganen statt. Vom Standpunkt der Lehren des Großen Oktober aber besteht das Charakteristische ihrer Entwicklung darin, daß diese parlamentarische Körperschaften erstens von vornherein durch ihre personelle Zusammensetzung eine antiimperialistische demokratische Orientierung erhielten und zweitens – was nicht minder wesentlich ist –, daß sich in einem unterschiedlich langen Prozeß revolutionärer Umgestaltung immer stärker die Wesenszüge von sozialistischen Volksvertretungen, von Sowjets, herausbildeten. Sie sind charakterisiert *erstens* – durch die führende Rolle der Arbeiterklasse und ihrer marxistisch-leninistischen Partei in diesen Organen. *Zweitens* – durch den immer enger werdenden Zusammenschluß aller politischen Kräfte des Volkes unter Führung der Arbeiterklasse, was sich in der praktischen Organisation des staatlichen Willensbildungsprozesses und der Durchführung der Gesetze äußert. Der Gesetzgebungsprozeß und der Prozeß der Durchführung der Gesetze und Beschlüsse ist in den sozialistischen Machtorganen bekanntlich ein ganz wesentlicher Prozeß der überzeugenden Herausarbeitung der Übereinstimmung der Grundinteressen der anderen werktätigen Klassen und Schichten mit den Interessen und Zielen der Arbeiterklasse in seinem jeweils sachlich und auch zeitlich, historisch konkreten, bestimmten Inhalt. *Drittens* – durch die immer engere Verbindung des Staates mit den Volksmassen, ihre Einbeziehung in die staatliche Leitungstätigkeit und die Organisierung der staatlichen Entscheidungen gemeinsam mit ihnen, ihr immer engeres Zusammenwirken mit den gesellschaftlichen

Massenorganisationen der Werktätigen. Die Mobilisierung und Organisierung der Massen durch die Sowjets war bekanntlich die entscheidende praktische Konsequenz, die sich aus der Aufhebung des Gegensatzes zwischen Staat und Gesellschaft in der sozialistischen Revolution ergab.

Die Haupttendenz der Entwicklung der sozialistischen Staatsmacht besteht darin, daß die werktätigen Massen in einem sich fortwährend intensivierenden Prozeß bei der Verwirklichung der Hauptaufgabe immer stärker zur unmittelbaren Teilnahme an der staatlichen Leitung der gesellschaftlichen Angelegenheiten herangezogen werden. Das geschieht über die Kommissionen und Aktive der Vertretungsorgane, über unmittelbare Kontakte der Volksvertretungen und der Organe des Staatsapparates mit den Werktätigen in ihren Arbeitskollektiven, auch durch wachsende Aktivität der gesellschaftlichen Massenorganisationen und ihren Einfluß auf staatliche Entscheidungen, durch Rechenschaftslegung der Abgeordneten und Staatsfunktionäre, durch öffentliche Beratung von Gesetzentwürfen und auf vielfältige andere Weise.

Die Erfahrung zeigt, daß damit zugleich die Entwicklung des politischen Urteilsvermögens der Massen und ihres gesellschaftlichen Verantwortungsbewußtseins verbunden ist, und daß auf diese Weise die Mitarbeit an der Leitung der Gesellschaft immer stärker auch zu einem Bedürfnis wird, dem die Organisation der staatlichen Leitung in rationeller und effektiver Form immer aufs Neue Rechnung zu tragen haben. Das ist ein elementarer Prozeß der sozialistischen Staatsentwicklung, der in Rußland durch die Oktoberrevolution zum erstenmal in der Geschichte der Menschheit in Gang gesetzt wurde und auf den Lenin in „Staat und Revolution" hinweist, wenn er die „Entwicklung der Demokratie *bis zu Ende*", das „Auffinden der *Formen* einer solchen Entwicklung, ihre Erprobung in der Praxis" fordert und dies selbst am Beispiel der Sowjets demonstriert. Dieser in die Zukunft weisende, jedem Schematismus fremde Grundgedanke Lenins aus „Staat und Revolution" ist heute Bestandteil der Programme und der praktischen Politik aller kommunistischen und Arbeiterparteien der sozialistischen Länder. Übereinstimmend wird in ihnen die Entwicklung und Vervollkommnung der sozialistischen Demokratie als Hauptrichtung der Entwicklung des sozialistischen Staates gekennzeichnet.

Unsere Aufgabe ist es, die neuen Formen dieser Entwicklung unter unseren gegenwärtigen Bedingungen der fortschreitenden wissenschaftlich-technischen Revolution und der sozialistischen ökonomischen Integration aufzufinden und wirksam zu machen, die Effektivität und die Öffentlichkeit der gesamten staatlichen Leitungsarbeit weiter zu verstärken.

Dabei werden wir in Rechnung zu stellen haben, daß sich diese Entwicklung der sozialistischen Demokratie nicht nur unter den Bedingungen einer sich verschärfenden ideologischen Klassenauseinandersetzung mit dem Imperialismus vollzieht, sondern daß sie zugleich Bestandteil und auch Form dieser Auseinandersetzung ist. Das gilt zumindest in dreierlei Hinsicht. *Erstens* wird die Entwicklung und Vervollkommnung der sozialistischen Demokratie die Überlegenheit des Sozialismus über den Kapitalismus auch in politischer Hinsicht immer deutlicher hervortreten lassen als die dem Menschen, seinen Bedürfnissen und auch seinen Vorstellungen entsprechende Form der gesellschaftlichen Organisation. *Zweitens* wird gerade der praktische Nachweis dieser Überlegenheit zunehmend Gegenstand des ideologischen Klassenkampfes werden und auch künftig nicht wenigen Verdrehungen, Verfälschungen und anderen Angriffen ausgesetzt sein. *Drittens* wird sich im praktischen Wirken der sozialistischen Demokratie die Überwindung bürgerlicher und kleinbürgerlicher Vorstellungen, Denk- und Verhaltensweisen vollziehen und vollziehen müssen, die auf Grund jahrhundertelanger Übung und Gewohnheit existieren. Diese Denk- und Verhaltensweisen werden fortwährend durch die politische Praxis des Imperialismus, nicht zuletzt durch seine unter den Bedingungen der weiteren Verwirklichung der friedlichen Koexistenz noch zunehmenden Versuche, solche Gewohnheiten, Denkschemata usw. für seine konterrevolutionären Zwecke auszunutzen, genährt, konserviert und zu reaktivieren versucht. Die Entwicklung der sozialistischen Demokratie ist selbst kein widerspruchsfreier Prozeß. Weder verwischt noch verdeckt er die Entwicklungswidersprüche der sozialistischen Gesellschaft. Die sozialistische Demokratie ist vielmehr ein Mittel – und zwar das entscheidende Mittel – diese Widersprüche aufzudecken. Sie ist die staatlich-organisierte gesellschaftliche Form, in der diese Widersprüche gelöst werden. Dabei ist nicht auszuschließen, daß von Zeit zu Zeit auch Versuche auftreten, unter dem Deckmantel der sozialistischen Demokratie und unter fälschlicher Berufung auf sie antisozialistische Aktivitäten zu entwickeln und Formen der sozialistischen Demokratie für konterrevolutionäre Zwecke zu mißbrauchen. Gegen solche Versuche wird die sozialistische Demokratie ihre Mittel administrativer Gewalt im Interesse ihres eigenen Schutzes einzusetzen gezwungen sein. Gerade dieser Vielschichtigkeit und Differenziertheit der Entwicklung der sozialistischen Demokratie muß unsere wissenschaftliche Arbeit auf diesem Gebiet noch stärker Rechnung tragen.

Die Sowjetunion beging den 60. Jahrestag des Großen Oktober mit einer neuen Verfassung. Sie ist Gesetz gewordene verallgemeinerte Erfahrung sozialistischen Aufbaus der UdSSR und der anderen sozialistischen Bruderländer. Man kann ohne Übertreibung sagen, daß diese Verfassung uns allen für die wissenschaftliche Durchdringung der sozialistischen Staats- und Rechtsentwicklung und auch für die praktische Staatsarbeit neue Impulse gibt. Die neue Verfassung der UdSSR legt beredtes Zeugnis dafür ab, auf welche Weise der Sozialismus zu einer immer tieferen Verankerung der staatlichen Macht im Gesamtorganismus der Gesellschaft führt, wie er durch das gesamte System seiner politischen Organisation und – darin eingeschlossen – seine staatliche Macht als das Kampfinstrument zur Organisierung der neuen gesellschaftlichen Ordnung die Entwicklung der Persönlichkeit im sozialistischen Kollektiv nicht nur gewährleistet, sondern aktiv fördert. Menschenrechte, menschliche Freiheit und Menschenwürde können nur dort Wirklichkeit sein und in stets wachsendem Maße das Leben des Menschen erfüllen, wo das Haupthindernis ihrer Verwirklichung beseitigt ist: die Ausbeutung und Unterdrückung des Menschen durch den Menschen und der diese Ausbeutung und Unterdrückung schützende bürgerliche Staat der Monopole. Die neue Verfassung der UdSSR ist mit dem Schweiß und dem Blut von Generationen sowjetischer Kommunisten geschrieben; sie ist erarbeitet und erkämpft worden. Sie zeigt der Menschheit den Weg in ihre Zukunft, den sie aber in jedem Lande selber gehen, selber erringen und selber bewältigen muß. Am Anfang dieses Weges, an der Wiege dieser Verfassung und ihrer gesellschaftlichen Wirklichkeit stand der Rote Oktober. Je gründlicher wir seine Lehren studieren, um so leichter wird es, diesen Weg auch weiter mit Erfolg zu beschreiten.

Gerhard Schüßler

Die allgemeingültigen Lehren der Großen Sozialistischen Oktoberrevolution und ihre schöpferische Anwendung bei der Gestaltung der sozialistischen Staats- und Rechtsordnung in der DDR

In den vergangenen 60 Jahren haben die von Marx und Engels begründeten Ideen über das neue proletarische Staatswesen in den Ländern des Sozialismus unumstößliche materielle Gestalt angenommen. Als politische Lebensform der neuen sozialistischen Gesellschaft hat der sozialistische Staat seit der Großen Sozialistischen Oktoberrevolution seine dem gesellschaftlichen Fortschritt, der Befreiung der Menschheit von Ausbeutung und Unterdrückung, der Entwicklung neuer menschenwürdiger Lebensbedingungen zur umfassenden Entfaltung der Persönlichkeit und dem Frieden dienende Rolle unter Beweis gestellt. Die Gesetzmäßigkeiten der Entstehung und der historischen Rolle des sozialistischen Staates in Frage zu stellen oder gar zu leugnen, bedeutet nichts anderes, als den größten geschichtlichen Umwälzungsprozeß der Menschheit, der 1917 begann, in Abrede zu stellen.

Der reale Sozialismus, der in der Gegenwart immer nachdrücklicher das Weltgeschehen beeinflußt – das sind sowohl die ökonomischen, geistig-kulturellen und sozialen Errungenschaften der Welt des Sozialismus als auch dessen staatlich-politische Organisation und seine Rechtsordnung – ist das vom sozialistischen Demokratismus durchdrungene und getragene System der Machtausübung durch die Arbeiterklasse und ihre Verbündeten unter Führung der marxistisch-leninistischen Partei. Die Entstehung des sozialistischen Wirtschaftssystems, die wissenschaftlich-technischen Errungenschaften der sozialistischen Länder, Bildung, das Aufblühen der Kultur im Sozialismus sowie schließlich die soziale Sicherheit der Menschen sind das folgerichtige und gesetzmäßig bedingte Resultat der politischen Befreiung des Proletariats und dessen Konstituierung zur herrschenden Klasse in Gestalt der Diktatur des Proletariats. Erst mit der Freisetzung der politischen Kräfte der werktätigen Massen durch die Diktatur des Proletariats, mit der Weckung ihrer politischen Bewußtheit und der Organisierung ihres von staatspolitischer Verantwortung getragenen einheitlichen Handelns werden die Bedingungen für die Entfaltung der Produktivkräfte im Sozialismus, für das massenhafte Schöpfertum des werktätigen Volkes zur Errichtung der sozialistischen Gesellschaft geschaffen. Es ist die politische Macht der Arbeiterklasse, in deren Schoß sich die neue sozialistische Gesellschaft entwickelt und die gesellschaftlichen Triebkräfte zur Entfaltung gelangen. Die grundlegenden Lehren der sozialistischen Revolution und der gesamten Entwicklung des Sowjetstaates sowie den Prozeß ihrer schöpferischen Anwendung in der DDR wissenschaftlich zu würdigen, das verlangt, die historische Rolle der sozialistischen Staatsmacht, ihren revolutionären Charakter aufzudecken und die entscheidenden Faktoren zu untersuchen, die das Wesen des sozialistischen Rechts bestimmen.

Die erste und grundlegende Lehre der Oktoberrevolution besteht darin, daß die siegreiche Diktatur des Proletariats in der Sowjetunion und die Entwicklung des sozialistischen Staates bis zum heutigen Staat des ganzen Volkes auf der führenden Rolle der marxistisch-leninistischen Partei in der Revolution und der Ausübung der Funktionen der regierenden Partei durch sie beruht. Das Verhältnis von Partei, Macht und Staat prägt zutiefst den Charakter des sozialistischen Staates. Indem die Idee der Diktatur des Proletariats unter Lenins Führung zum politischen Kampfprogramm der russischen sozialdemokratischen Partei wurde und in der Strategie und Taktik der Partei sowie in ihrer gesamten revolutionären Tätigkeit ihre feste Verankerung fand, vereinigte sich die marxistisch-leninistische Theorie von der politischen Befreiung des Proletariats mit der revolutionären Arbeiterbewegung, wurde sie Inhalt und Ziel des revolutionären Befreiungskampfes. Zur Begründung des Parteiprogramms schrieb Lenin 1904, daß die Partei der Arbeiterklasse die Aufgabe hat, *„den Klassenkampf des Proletariats zu organisieren und diesen Kampf zu leiten, dessen Endziel die Eroberung der politischen Macht durch das Proletariat und die Organisierung der sozialistischen Gesellschaft ist.“*[1] Die Bolschewiki vermochten es, sich zu einer solchen Partei zu entwickeln, als revolutionärer Vortrupp der Arbeiterklasse die Ideen der politischen Befreiung in die werktätigen Massen zu tragen und bei Anwendung aller Formen des Klassenkampfes den politischen Kampf zu organisieren. Die Sowjetmacht als Form der Diktatur des Proletariats war das folgerichtige, gesetzmäßige Resultat dieses Kampfes, sie entstand in bewußter Ausnutzung der objektiven Bedingungen und bei Schaffung der subjektiven Voraussetzungen für die Durchführung der proletarischen Revolution.

Für ihre Entstehung sind folgende Wesenszüge charakteristisch:

Erstens:

Die Sowjetmacht wurde errichtet in Verwirklichung der Lehre von der Diktatur des Proletariats auf der Grundlage einer zutiefst wissenschaftlich fundierten Politik der Partei der Bolschewiki.

Zweitens:

Sie war das unmittelbare Ergebnis des revolutionären Kampfes der russischen Arbeiterklasse und der mit ihr verbündeten anderen werktätigen Klassen unter der Führung der Bolschewiki und verkörperte von Anfang an das sich zur Staatsmacht erhobene Proletariat, d. h., sie war eine zutiefst demokratische souveräne Konstituierung der revolutionärsten Klasse zur Staatsgewalt, die sich unmittelbar und direkt auf die Mehrheit des Volkes stützt.

Drittens:

Die Diktatur des Proletariats enstand als unmittelbares Instrument der Revolution mit dem Ziel, sie zur Weiterführung des Klassenkampfes zu nutzen, um den Widerstand der gestürzten Klassen zu brechen, die Revolution zu schützen und die revolutionäre Umgestaltung auf ökonomischem, sozialem, kulturellem und militärischem Gebiet mittels des sozialistischen Staates herbeizuführen. Diese geschichtlichen Tatsachen werden von den Apologeten des Imperialismus und den Revisionisten verschiedener Prägungen negiert und entstellt. Sie versuchen, die Diktatur des Proletariats als etwas Zufälliges, Einmaliges, typisch Russisches hinzustellen. So schreibt z. B. K. D. Bracher in dem in der BRD erschienenen Buch „Geschichte Europas. Die Krise Europas 1917–1975“: „Lenins Revolutionskonzept war das klassische Konzept der antidemokratischen Staatsstreich- oder Putschbewegung.“[2]

Mit der Errichtung der Sowjetmacht vollzog sich gleichzeitig die Konstituierung der Partei der Bolschewiki zur regierenden Partei. In dem Augenblick, als sich die neue proletarische Staatsgewalt entwickelte, konzentrierte sich die Führungstätigkeit der Partei der Bolschewiki auf die Sicherung dieser Macht, ihren Ausbau, ihre Organisation und auf die Ausübung der Macht im Interesse der Weiterführung der Revolution. Hierin lag die wichtigste Garantie für eine siegreiche, dauerhafte Diktatur des Proletariats. Über die Rolle der Partei in bezug auf die Verwirklichung der Diktatur des Proletariats schrieb Lenin: „Beim Übergang zum Sozialismus ist die Diktatur des Proletariats unvermeidlich, aber diese Diktatur wird nicht durch eine die Industriearbeiter in ihrer Gesamtheit erfassende Organisation verwirklicht ... Es ergibt sich, daß die Partei sozusagen die Avantgarde des Proletariats in sich aufsaugt und diese Avantgarde die Diktatur des Proletariats verwirklicht ... Aber die Diktatur des Proletariats läßt sich nicht verwirklichen durch eine Organisation, die das Proletariat in seiner Gesamtheit erfaßt ... Die Diktatur kann nur durch die Avantgarde verwirklicht werden, die die revolutionäre Energie der Klasse in sich aufgenommen hat."[3]

Lenin hob hervor, daß diese historisch notwendige Rolle der Partei immer darauf gerichtet ist, Schritt für Schritt die gesamte Klasse und alle Werktätigen in die aktive bewußte Ausübung der Macht einzubeziehen, d. h. mit Hilfe des Staates, unter Ausnutzung seiner Potenzen und mit der Entwicklung der sozialistischen Demokratie die kommunistischen Ideale, die kommunistischen Beziehungen und das kommunistische Handeln der Werktätigen systematisch in der Gesellschaft zu verankern und zur unumstößlichen Grundlage des gesllschaftlichen Lebens zu machen.

Bezeichnend hierfür sind seine folgenden Ausführungen: „Wir müssen jedoch wissen und stets daran denken, daß die gesamte juristische und faktische Verfassung der Sowjetrepublik darauf beruht, daß die Partei alles nach einem einheitlichen Prinzip berichtigt, festlegt und aufbaut, damit die mit dem Proletariat verbundenen kommunistischen Elemente dieses Proletariat mit ihrem Geist durchdringen, es sich unterordnen, es von dem bürgerlichen Betrug frei machen können, den wir seit so langer Zeit zu überwinden bemüht sind."[4]

Die gesamte Entwicklung des Sowjetstaates beruht auf der führenden Rolle der KPdSU, der Ausübung ihrer Funktionen als regierende Partei. Sie gewährleistet eine Staatspolitik, der die schöpferische Anwendung des Marxismus-Leninismus zugrunde liegt und die voll den Interessen des Sowjetvolkes entspricht. Die KPdSU leistet die entscheidende staatsschöpferische Tätigkeit, sie organisiert die staatliche Tätigkeit, insbesondere durch ihre wegweisenden Beschlüsse, die Arbeit der gewählten Kommunisten in den Sowjets, die ständige Vervollkommnung der sozialistischen Demokratie und die ununterbrochene Stärkung und Festigung ihrer eigenen Reihen. Treffend hat L. I. Breshnew die Rolle der KPdSU in seinem Bericht auf der Tagung des Obersten Sowjets der UdSSR über die neue Verfassung charakterisiert, in dem er das Verhältnis der KPdSU zur gesamten Sowjetgesellschaft als jenes bezeichnete, das zwischen dem Herz und dem übrigen menschlichen Organismus besteht.

In der konsequenten Verwirklichung der führenden Rolle der marxistisch-leninistischen Partei in unserem Staat, der Ausübung der Funktionen der regierenden Partei durch die SED besteht auch bei uns die wichtigste Bedingung und die Grundlage für die Stabilität und Festigkeit der Arbeiter-und-Bauern-Macht, die Verwirklichung der schöpferischen Rolle der sozialistischen Staatsmacht bei der weiteren Gestaltung der entwickelten sozialistischen Gesellschaft und die allseitige Vertiefung und Vervollkommnung der sozialistischen Demokratie. Konsequent wird damit die grundlegendste Lehre der Großen Sozialistischen Oktoberrevolution und der gesamten Entwicklung des Sowjetstaates unter unseren Bedingungen verwirklicht.

Diese Rolle unserer Partei hat ihre geschichtlichen Fundamente im revolutionären

Kampf der KPD, in der Ausarbeitung einer klaren Staatskonzeption unter den schweren Bedingungen der faschistischen Tyrannei und in der Führungstätigkeit unserer Partei bei der Schaffung der antifaschistisch-demokratischen Ordnung und beim späteren Übergang zur Diktatur des Proletariats.

Worin äußert sich gegenwärtig die führende Rolle der SED bei der Leitung und Organisation der sozialistischen Staatsmacht?

Erstens:
Ihre Führungsrolle als regierende Partei verwirklicht die SED durch die Ausarbeitung des wissenschaftlich begründeten Programms der gesamtgesellschaftlichen Entwicklung, einschließlich der grundlegenden Entwicklungslinien der politischen Organisation der sozialistischen Gesellschaft, der Gestaltung ihrer Staats- und Rechtsordnung und der weiteren Vervollkommnung der Demokratie.

Zweitens:
Damit im Zusammenhang leistet die Partei eine gewaltige Arbeit zur Ausarbeitung der strategischen Grundlinie auf wirtschaftlichem, sozialem und kulturellem Gebiet, zur Bestimmung der Aufgaben der Außenpolitik sowie der Sicherheits- und Militärpolitik des sozialistischen Staates. In engstem Zusammenhang damit erfolgt durch die Parteiführung auch die Festlegung der strategischen Linie zur weiteren Vervollkommnung der Leitung und Entwicklung des Gesamtsystems der Staats- und Wirtschaftsleitung in engster Wechselwirkung mit der ständigen Entfaltung der sozialistischen Demokratie auf der Grundlage der Anwendung des demokratischen Zentralismus. In untrennbarer Verbindung damit gibt die Partei die prinzipielle Orientierung für die Gesetzgebung.

Drittens:
Die Führungstätigkeit der Partei beschränkt sich nicht auf die Beschlußfassung der politischen Ziele und Aufgaben, sondern ist dadurch charakterisiert, daß die Partei konsequent mittels des Staates den Kampf um die Verwirklichung der strategischen Linie führt, wobei sie die konkreten Bedingungen, die eintretenden Veränderungen und die international wirkenden Faktoren auf das genaueste beachtet. Die Führungstätigkeit der Partei vollzieht sich im bedeutenden Maße über die höchsten Organe der Staatsmacht, d. h. die Volkskammer, den Staatsrat, den Ministerrat und die dem Ministerrat unterstellten zentralen Organe. Gleichzeitig befähigt die Partei über ihre Leitungsorgane im örtlichen Bereich in den verschiedensten Formen auch die örtlichen Organe der Staatsmacht, die Aufgaben mit größter Effektivität zu erfüllen. Die führende Rolle der Partei schlägt sich nieder in der Verbindlichkeit der Beschlüsse der Partei für die gesamte staatliche Tätigkeit, im engsten Zusammenwirken der leitenden Partei- und Staatsorgane, in der bestehenden Personalunion der Spitzen der Partei- und Staatsführung, im aktiven Wirken der gewählten Vertreter der Partei in den Volksvertretungen und anderen Kollektivorganen des Staates, in der Besetzung wichtiger Funktionen des Staats- und Wirtschaftsapparates durch Mitglieder der Partei sowie in der Arbeit der Parteiorganisationen in den staatlichen Organen.

Viertens:
Die führende Rolle der Partei vollzieht sich im gesamten Prozeß der ideologischen, politischen und organisatorischen Führungstätigkeit der Partei vom ZK bis zu den Grundorganisationen, um die gesamte Kraft der 2 Millionen Parteimitglieder immer wirksamer einzusetzen, um das Vertrauen der Massen in die Partei und in den Staat ständig zu stärken, die Werktätigen für die Erfüllung und Übererfüllung der staatlichen Aufgaben zu gewinnen, ihre Initiative und Aktivität in den verschiedensten Formen allseitig zu

fördern und alle bürokratischen Hemmnisse entschlossen zu überwinden. Man kann feststellen, daß sich unsere Partei auch in bezug auf die Entwicklung konsequent an die Leninschen Prinzipien hält, die die KPdSU in der ihrer gesamten Praxis verwirklicht. Lenin charakterisierte das Verhältnis von Partei und Staat, indem er davon ausging, daß die Festigung der Macht der Arbeiterklasse im dialektischen Verhältnis zur Reife der Partei und zur Einheit ihrer Reihen steht. Je stärker die Partei ist, so lehrte Lenin, desto fester ist der Staat und desto erfolgreicher wird die Macht der Arbeiterklasse verwirklicht. Er betonte: „Um zu regieren, braucht man eine Armee von gestählten Revolutionären, von Kommunisten. Diese Armee gibt es, ihr Name ist Partei."[5] Die Partei bezeichnete er als „die unmittelbar regierende Vorhut des Proletariats."[6]

Bereits in diesen Feststellungen Lenins wird die entscheidende und ausschlaggebende Rolle deutlich, die die ständige Festigung der Partei für den sozialistischen Staat besitzt.[7]

Die Beteiligung der mit unserer Partei befreundeten Parteien an der Regierung mindert die führende Rolle der SED im sozialistischen Staat in keiner Weise. Die Beteiligung an der Ausübung der Macht durch die in der Nationalen Front vereinigten politischen Parteien und Organisationen entspringt den historisch entstandenen Bündnisbeziehungen der Arbeiterklasse mit den werktätigen Bauern und mit jenen Schichten des Volkes, die an ihrer Seite die antifaschistisch-demokratische Ordnung errichteten und heute die Gestaltung der entwickelten sozialistischen Gesellschaft unter der Führung der Arbeiterklasse und ihrer Partei auch als ihr Anliegen betrachten.

Bekanntlich legte Lenin außerordentlichen Wert darauf, die Diktatur des Proletariats auch als eine besondere Form des Bündnisses zu verstehen, und er wies darauf hin, daß der proletarische Staat äußerst ausdehnungsfähig ist. Die Breite des Bündnisses – das beweist unsere Entwicklung – ist dabei abhängig von den konkreten historischen Bedingungen, von der Bereitschaft der Bündnispartner, gemeinsam mit der Arbeiterklasse den Weg zum Sozialismus zu gehen und von der Politik der marxistisch-leninistischen Partei zum ständigen Ausbau und der Festigung der Bündnisbeziehungen. Für die marxistisch -leninistische Partei ist daher die Frage der Beteiligung der mit ihr verbündeten politischen Parteien und Organisationen an der Regierung eine Frage der Verwirklichung dieser Bündnispolitik auf staatlich politischer Ebene. Die Beteiligung der verschiedensten Kräfte an der Regierung unter der Bedingung, daß sie die führende Rolle der Arbeiterklasse und ihrer Partei anerkennen, ist ein gewichtiger Faktor der Stärke der Volksmacht, denn es handelt sich um eine bewußte und verantwortungsvolle Mitwirkung der verschiedensten Kräfte des Volkes an der Ausübung der Macht auf der Grundlage der festen Einheit aller Bündnispartner für das gemeinsame Ziel und das einheitliche Handeln. Bekanntlich schloß bereits Lenin die Möglichkeit nicht aus, daß andere Parteien, z. B. die Sozialrevolutionäre, dauerhaft in der Regierung mitarbeiten. Jedoch gingen diese und andere Parteien zur Konterrevolution über. Die von Lenin bereits erwogene Möglichkeit wurde unter unseren Bedingungen Realität. Die Frage der Existenz mehrerer Parteien und ihre Beteiligung an der Regierung berührt nicht die Grundlehre der Oktoberrevolution und des Sowjetstaates, daß die führende und regierende Rolle der marxistisch-leninistischen Partei die entscheidende und ausschlaggebende Bedingung für die Errichtung und die Existenz sowie für die gesamte Entwicklung des sozialistischen Staates ist. Die Existenz und das Wirken befreundeter Parteien in der DDR ist in theoretischer und politischer Hinsicht in der marxistisch-leninistischen Bündnispolitik verankert und ist Ausdruck dafür, wie unsere Partei unter unseren konkreten Bedingungen die Grundlehren der Bolschewiki in bezug auf die Bündnispolitik verwirklicht.

Eine weitere grundlegende Lehre der Oktoberrevolution besteht darin, daß der sozialistische Staat den Klassenkampf zur endgültigen Überwindung der alten Ordnung und zum Schutz der Revolution sowie der revolutionären Umwälzung der Gesellschaft führt.

Auch diese Lehre der Oktoberrevolution wurde in unserer Entwicklung konsequent verwirklicht und auf die konkreten Bedingungen angewandt. Das bedingte, in jeder Phase der sozialistischen Revolution der Tatsache Rechnung zu tragen, daß sich der revolutionäre Entwicklungsprozeß unter der Bedingung der Existenz des westdeutschen Imperialismus vollzog. Die Westzonen und später die BRD sowie Westberlin wurden zur entscheidenden reaktionären Gegenkraft der sozialistischen Revolution in unserem Lande und zur Basis des konterrevolutionären Kampfes. Hierbei ist es vor allem wichtig zu erkennen, daß die Hauptkräfte der Konterrevolution, die nach 1945 bei uns entmachtet und enteignet wurden, im Schoße des westdeutschen Imperialismus einen Zufluchtsort fanden und sich in das System des Imperialismus integrierten. Diese Vereinigung entsprang den gemeinsamen Interessen der Großkapitalisten und Großagrarier zur Wiedererlangung ihrer verlorenen Machtpositionen auf unserem Territorium. Die Verschmelzung der inneren und äußeren Konterrevolution auf westdeutschem Boden und die Möglichkeit der Nutzung des imperialistischen ökonomischen Potentials sowie der reaktionären Staatsmacht prägen die Formen des Klassenkampfes in Vergangenheit und Gegenwart. Hinzu kamen die Möglichkeiten der offenen Grenze und die Tatsache, daß keinerlei Sprachbarrieren die Kommunikation beeinträchtigen. Schließlich entwickelte die Konterrevolution auch besondere Formen des Klassenkampfes zur Ausnutzung der massenhaften Beziehungen der Menschen untereinander. Wenn man in die Geschichte zurückblickt, dann ergeben sich folgende charakteristische Formen des konterrevolutionären Kampfes gegen die sozialistische Revolution: die Sabotage, der Wirtschaftskrieg, die massenhafte Abwerbung von Spezialisten und Werktätigen, Wissenschaftlern, Medizinern und Facharbeitern, die Organisierung von Unruhen und Provokationen bis zu konterrevolutionären Putschversuchen, die diplomatische und wirtschaftliche Blockade u. a. Jede dieser Formen war begleitet und durchdrungen von einer sich ständig verschärfenden ideologischen Diversion. Analysiert man z. B. die Strafprozesse, die gegen die verschiedenartigsten konterrevolutionären Kräfte durchgeführt wurden, so decken diese in der Mehrzahl die Zusammenhänge auf, die zwischen der konterrevolutionären Tätigkeit im Inneren des Landes und jener der reaktionären Kräfte in der BRD und Westberlin bestehen. Viele konterrevolutionäre Aktionen wurden direkt von eingeschleusten, bezahlten und gelenkten Agenten aus der BRD organisiert, andere wiederum wurden vom westdeutschen Boden aus gesteuert und beeinflußt. Die Sicherheitsorgane deckten auf, daß konterrevolutionäre antisozialistische Elemente in der DDR aus der BRD und Westberlin sowohl materielle Ausrüstungen als auch finanzielle Unterstützungen erhielten. Der faschistische Putschversuch 1953 wurde von Westberlin und westdeutschem Boden aus vorbereitet. Die Aktionen gegen die Arbeiter-und-Bauern-Macht wurden direkt von reaktionären westlichen Zentralen und Agenten gelenkt und gesteuert. Nachweislich beabsichtigte der westdeutsche Imperialismus, unterstützt durch seine Bündnispartner, 1953, 1956 und Ende 1960 auf der Grundlage einer allgemeinen Unruhestiftung, die bewaffnete Intervention. Diesen kurz skizzierten Bedingungen des Klassenkampfes mußte die SED beim Ausbau und beim Einsatz der Staatsmacht stets konkret Rechnung tragen. Die Aufgaben der proletarischen Staatsmacht und damit auch ihre Funktionen waren deshalb in allen Abschnitten unserer Entwicklung darauf gerichtet, am wirksamsten den Kampf zum Schutz der Revolution und zum Aufbau der neuen sozialistischen Gesellschaft unter diesen Bedingungen zu führen. In keiner Phase der Entwicklung wurden die Aufgaben abstrakt gestellt oder war eine schablonenhafte Übertragung der grundlegenden Lehren der Diktatur des Proletariats zu verzeichnen. Charakteristisch dafür ist z. B., wie unsere Partei das Problem der Unterdrückungsfunktion gestellt hat. Diese Funktion war nicht gegen die gesamte Bourgeoisie gerichtet, und auch bei der Überführung der kleinbäuerlichen Warenproduktion in die genossenschaftliche Produktion gab es keine allgemeine Losung zur Unterdrückung der Großbauernschaft. Auf der 2. Parteikonferenz stellte unsere Partei zur Unterdrückungsfunktion des Staates fest, daß sie auf die „Brechung des Widerstandes der gestürzten und enteigneten Großkapitalisten und Großagrarier", auf die „Liquidierung aller ihrer Versuche, die Macht des Kapitals wiederherzustellen" gerichtet ist.[8]

Hieran und in den verschiedensten Formen des Kampfes, die mittels des Staates zum Schutz an Errungenschaften der Revolution zur Anwendung gelangten, wird sichtbar, unter welchen konkreten Bedingungen der Klassenkampf von seiten des sozialistischen Staates geführt wird. Das bezieht sich jedoch nicht nur auf die Vergangenheit, sondern betrifft auch die Gegenwart. Zwar wurden für bestimmte Formen des Klassenkampfes dem Gegner die Möglichkeiten entzogen bzw. stark eingeschränkt. Maßgeblich hierfür waren solche Fakten wie der Sieg der sozialistischen Produktionsverhältnisse, die ständige Festigung der politisch-moralischen Einheit des Volkes, die Sicherung der Staatsgrenze, der stabile Wirtschaftsaufbau, die allseitig gefestigte internationale Position der DDR und die Durchsetzung der heute existierenden völkerrechtlichen Beziehungen zur BRD u. a.

Jedoch hat sich am Wesen des westdeutschen Imperialismus bis heute nichts geändert, und seine Zielstellung, die DDR zu liquidieren, ist nach wie vor geblieben. Es sind neue Formen des Klassenkampfes entstanden. Ebenso sind bisherige ausgebaut und verstärkt worden. So hat sich allseitig die ideologische Diversion verschärft, außerordentlich stark hat sich die juristische Aggression gegen die DDR entwickelt. Dies umfaßt die Nichtanerkennung der Grenzen der DDR als normale völkerrechtliche Grenzen zwischen zwei souveränen gleichberechtigten Staaten, die völkerrechtswidrige Mißachtung der Staatsbürgerschaft der DDR, die Erteilung von Freibriefen zur Anwendung von Waffengewalt und zum Mord gegen Funktionäre des sozialistischen Staates und Angehörige seiner Grenz- und Sicherheitsorgane, die Anerkennung der Rechtmäßigkeit von sogenannten „Fluchthelferverträgen" durch die oberste Rechtsprechung der BRD usw. Der organisierte Menschenhandel wird als eine Abart der massenhaften Abwerbung nach dem Muster früherer Jahre betrieben, wobei die verbrecherischen Mittel und Methoden perfektioniert und ausgebaut werden. Die Grenzprovokationen sind geblieben und haben sich verstärkt, und schließlich ist für uns die Tatsache wichtig, daß der westdeutsche Imperialismus heute ein solches Aufrüstungs- und Militärbudget besitzt, das es in der Geschichte der Bundesrepublik noch nicht gegeben hat. Das alles zeigt, daß die grundlegenden Bedingungen, unter denen bei uns die sozialistische Revolution verläuft, sich, was die Konfrontation mit dem westdeutschen Imperialismus betrifft, im Wesen nicht verändert haben. Dies ist in bezug auf die Charakterisierung unseres Staates als eine Form der Diktatur des Proletariats und bei der Festlegung seiner Aufgaben sowie der Grundrichtung seiner Schutz- und Verteidigungsfunktion stets in Rechnung zu stellen. Eine weitere grundlegende Lehre der Großen Sozialistischen Oktoberrevolution und der gesamten Entwicklung des Sowjetstaates, die von höchster Aktualität ist, verkörpert die Nutzung und der Einsatz der proletarischen Macht als Organisator des wirtschaftlichen und kulturellen Aufbaus, als Instrument zur Schaffung einer neuen Organisation der Arbeit, zur Entwicklung und Steigerung der Arbeitsproduktivität, und zur Entfaltung des schöpferischen Wettbewerbs der werktätigen Massen.

Lenin sah hierin den Sinn der Errichtung der proletarischen Macht. Die Helden der Revolution würdigend, sagte er: „Sie ergriffen die Waffen gegen den Willen der besitzenden Klassen. Sie haben dieses gewaltige historische Werk verrichtet. Sie ergriffen die Waffen, um die Ausbeuter zu stürzen und ihr Gewehr in ein Werkzeug zum Schutz der Arbeiter zu verwandeln, um das Maß der Produktion und der Arbeit und das Maß des Verbrauchs zu überwachen."[9]

Er nannte dies den Angelpunkt und die Grundlage des Sozialismus. Die Rechnungsführung und Kontrolle durch den Staat bezeichnete er als das Wichtigste, was zum richtigen Funktionieren der kommunistischen Gesellschaft erforderlich ist.[10] Bereits im Dezember 1917 forderte Lenin: „Die Sowjets müssen zu Organen werden, die die gesamte Produktion in Rußland regulieren ..."[11]

Bekannt sind die grundsätzlichen Hinweise Lenins über die unbedingte Entwicklung der maschinellen Großproduktion und die Nutzung der modernsten Technik und Wissenschaft, die Verwirklichung einer neuen Organisation der bewußten und disziplinierten Arbeit und die Bedeutung der Steigerung der Arbeitsproduktivität. Die gewaltige Arbeit der KPdSU zur Entwicklung dieser Tätigkeit des Staates, die Schaffung entsprechender Leitungs- und Planungsorgane, die Organisierung der gesamten staatlichen Wirtschaftsleitung, die Ausarbeitung der staatlichen Pläne und der Kampf um ihre Verwirklichung, all das prägte von Anbeginn die Entwicklung der Sowjetmacht. Diese Aufgaben wurden auch während des Bürgerkrieges nicht aus dem Auge gelassen. Das ist natürlich allen Anwesenden bekannt. Folgende Gründe veranlassen mich, darauf näher einzugehen:

Erstens, um hervorzuheben, daß der sozialistische Staat seinem inneren Wesen nach bereits von seiner Entstehung her die potenzierte Kraft der Arbeiterklasse ist, um ihre eigene Arbeit sowie die aller Werktätigen zu organisieren. Lenin qualifizierte ihn als den „Staat der Arbeit."[12]

Zweitens, um besonders zu betonen, daß der sozialistische Staat gegenüber dem bürgerlichen Staat, auch wenn dieser in der heutigen Zeit noch so weiterreichende ökonomische Aufgaben wahrnehmen mag, hinsichtlich der Leitung und Organisation der Wirtschaft eine völlig entgegengesetzte Rolle spielt.

Seine Aufgaben bestehen in der Schaffung des Wirtschaftsorganismus der sozialistischen Gesellschaft, im Aufbau und der Entwicklung ihrer materiell-technischen Basis sowie der Schaffung der ökonomischen und materiell-technischen Bedingungen für den Übergang zur kommunistischen Gesellschaft. Der sozialistische Staat leitet und plant die Wirtschaftsentwicklung im Interesse der Festigung der sozialistischen Gesellschaftsordnung und der Befriedigung der materiellen und kulturellen Bedürfnisse der Mitglieder der sozialistischen Gesellschaft. Die Aktivitäten des bürgerlichen Staates dienen jedoch dagegen der Erhöhung der Profite der mächtigsten Monopole und der Sicherung und Erhaltung des kapitalistischen Wirtschaftssystems.

Drittens, um zu unterstreichen, daß der sozialistische Staat nicht eine den Produzenten und Wirtschaftseinheiten aufgepfropfte zusätzliche administrative Verwaltung, wie dies heute die Revisionisten verschiedener Schattierungen behaupten, sondern die entscheidende Voraussetzung und Bedingungen zur planvollen, den objektiven Gesetzen des Sozialismus entsprechende Entwicklung der Volkswirtschaft und der damit im unmittelbaren Zusammenhang sich vollziehenden Gestaltung der sozialen Verhältnisse und des kulturellen Aufstiegs im Sozialismus ist.

Unsere Partei orientierte in Verwirklichung der grundlegenden Lehren der Großen Sozialistischen Oktoberrevolution und der Entwicklung des Sowjetstaates als Instrument zur Leitung und Organisierung der Volkswirtschaft vom frühesten Zeitpunkt an die Staatsorgane konsequent auf die Meisterung der wirtschaftspolitischen Aufgaben in den verschiedenen Etappen unserer Staatsentwicklung. Dank der Verhinderung der bewaffneten Intervention durch die Anwesenheit der Sowjetarmee und gestützt auf die vorhandenen Erfahrungen der Sowjetunion beim Aufbau der staatlichen Leitung und Planung vermochten es die Partei und der Staat schon in den ersten Jahren, die entscheidenden Kräfte auf die Lösung der Wirtschaftsaufgaben zu konzentrieren.

Unter unseren heutigen Bedingungen ist die Lösung der wirtschaftlichen Aufgaben zum Hauptfeld der staatlichen Leitungstätigkeit geworden. Dabei ist folgendes charakteristisch:

Erstens:

In Verwirklichung der seit dem VIII. Parteitag verfolgten und vom IX. Parteitag konsequent weitergeführten Einheit von Wirtschafts- und Sozialpolitik sind bedeutende qualitative Entwicklungsprozesse im gesamten System der Staats- und Wirtschaftsleitung zu verzeichnen. Sie schlagen sich insbesondere nieder in einer zunehmenden Konzentration der effektiven Nutzung der wissenschaftlich-technischen Errungenschaften, der planmäßigen Intensivierung der Produktion, des effektivsten Einsatzes und der rationellsten Verwendung der materiellen und finanziellen Mittel sowie einer den konkreten Bedingungen entsprechenden Vervollkommnung der sozialistischen Wirtschaftsorganisation in Industrie, Landwirtschaft und den anderen Wirtschaftsbereichen.

Zweitens:

Die Leitung und Planung der Wirtschafts- und Sozialentwicklung verschmelzen immer stärker miteinander. Hierbei ist das vom IX. Parteitag beschlossene Programm die Richtschnur für die Gesamtentwicklung unserer sozialistischen Gesellschaft. Die Einheit von Wirtschafts- und Sozialpolitik bestimmt immer stärker die weitere Vervollkommnung der zentralen staatlichen Planung, deren Ausrichtung und Zielstellung, die Zeiträume der Planung und die komplexe Verflechtung der ökonomischen, wissenschaftlich-technischen und sozialen Prozesse. Dies wiederum beeinflußt die Methoden der staatlichen Leitungsorgane und erfordert objektiv ein langfristig konzeptionelles und komplexes Herangehen, was in unseren Fünfjahrplänen, in der Ausarbeitung langfristiger Programme für wichtige Gebiete und in der Entwicklung der zentralen Leitung immer deutlicher sichtbar wird. Gleichzeitig zeigt sich ein weiterer wichtiger Prozeß in der Staatsentwicklung darin, daß in der Leitungs- und Planungstätigkeit die örtlichen Organe der Staatsmacht eine zunehmende Rolle einnehmen. Eine entscheidende Ursache hierfür besteht offensichtlich darin, daß die von der SED und der Regierung der DDR verfolgte Einheit von Wirtschafts- und Sozialpolitik bedeutend höhere Anforderungen an die Leitungstätigkeit der örtlichen Staatsorgane und an deren Zusammenwirken mit allen Betrieben und Einrichtungen des Territoriums stellen. Das erklärt sich daraus, daß diese Organe am unmittelbarsten mit dem sozialen Geschehen in den Wohngebieten, Betrieben und den verschiedenartigsten Einrichtungen sowie mit dem Wirken der gesellschaftlichen Organisationen, der Entwicklung der Familie, der Jugend usw. konfrontiert sind. In den Verantwortungsbereichen der örtlichen Organe spielen sich die bedeutendsten sozialen Prozesse ab und kommt die einheitliche Wirtschafts- und Sozialpolitik konkret im praktischen täglichen Leben zur Wirkung. Die örtlichen Organe werden unter diesen Bedingungen zu außerordentlich bedeutungsvollen Leitungsinstrumenten, die die praktische Verwirklichung der Einheit von Wirtschafts- und Sozialpolitik maßgeblich organisieren und sichern. Von ihrer verantwortungsvollen Arbeit hängt im entscheidenden Maße die effektive Realisierung der Politik der Partei ab. Dies betrifft die konsequente Realisierung der staatlichen Planaufgaben, die die Voraussetzung für die Lösung der ökonomischen und sozialpolitischen Aufgaben darstellen, ebenso wie die Beschlußfassung über bedeutende Entscheidungen, die von den örtlichen Organen getroffen wurden, um die politisch positive Wirkung der Wirtschafts- und Sozialpolitik zu gewährleisten.

Drittens:

Die gewachsenen ökonomischen Möglichkeiten sowie die sozialpolitische Entwicklung erfordern objektiv einen höheren Grad der Leitung und Planung im örtlichen Bereich. Die Vorzüge des demokratischen Zentralismus, den Lenin beim Aufbau der Sowjetmacht begründete und praktizierte, kommen unter unseren heutigen Bedingungen immer mehr zum Tragen. Das bezieht sich einerseits auf die höhere Verantwortung der örtlichen Organe für die Lösung der gesamtstaatlichen Aufgaben und die Entwicklung einer Arbeitsweise, die von den verschiedensten Seiten aus auf die Erfüllung und Übererfüllung der zentralen staatlichen Aufgaben gerichtet ist. Andererseits schlägt sich dies nieder in der Erweiterung der Möglichkeiten, aber auch der Notwendigkeit, die wachsenden und vielfältigen örtlichen und betrieblichen Ressourcen unter kluger Ausnutzung der örtlichen Bedingungen und Gegebenheiten effektiv für die Gestaltung der entwickelten sozialistischen Gesellschaft im jeweiligen Territorium zu nutzen.

Viertens:

Es ist ein Entwicklungsprozeß festzustellen, der dadurch gekennzeichnet ist, daß die Leninsche Grundidee über die Entwicklung und die Rolle der gewählten Sowjets immer klarer und eindeutiger auch in der Tätigkeit unserer Volksvertretungen Gestalt annimmt. In Realisierung unserer Verfassung entwickeln sich in der Tätigkeit unserer Volksvertretungen drei grundlegende Wesenszüge:

- Es entfaltet sich ihr Charakter als umfassendste staatliche Massenorganisation, indem die unmittelbaren und ständigen Beziehungen zu den Wählern in den verschiedensten Formen immer stärker ausgebaut werden und die demokratischen Grundlagen der gesamten Arbeit der Volksvertretungen eine ständige Festigung erfahren;
- In der Arbeit der Volksvertretungen treten die charakteristischen Züge der sozialistischen Vertretungsorgane immer stärker hervor;
- Es ist festzustellen, daß die gewählten Organe eine immer stärkere Hinwendung zur Ausübung ihrer Leitungsfunktion vollziehen und ihre Arbeit darauf konzentrieren, die Aufgaben auf wissenschaftlichem, sozialem und kulturellem Gebiet mit hoher politischer Verantwortung sachkundig zu lösen.

In der Entwicklung dieser Funktionen der Volksvertretungen verbirgt sich einer der bedeutenden Prozesse der Entfaltung des sozialistischen Staatswesens. Hier wird deutlich, wie sich konkret die von unserer Partei festgelegte Grundrichtung der Entwicklung des Staates, die Vervollkommnung der sozialistischen Demokratie, in der Praxis der staatlichen Arbeit Schritt für Schritt durchsetzt. Wir haben es hier mit einer gesetzmäßigen Entwicklung zu tun, die voll und ganz in der Richtung verläuft, wie sie in bezug auf den weiteren Ausbau und die Entwickulng der Sowjets in der neuen Verfassung der UdSSR verankert ist.

Fünftens:

Schließlich möchte ich hervorheben, daß die Entwicklung der staatlichen Tätigkeit insgesamt mit dem weiteren Ausbau der verschiedenartigsten Formen der demokratischen Mitwirkung verbunden ist. Dies führt bekanntlich zu einem bedeutenden quantitativen Anwachsen der Zahl derjenigen, die in den verschiedensten Formen der staatlichen Leitungstätigkeit einbezogen werden. Das Wichtigste sind jedoch, wie mir scheint, die sich in unserer heutigen Zeit vollziehenden qualitativen Prozesse hinsichtlich der Entwicklung der sozialistischen Demokratie. Sie bestehen in einer gezielten Einbeziehung der Bürger in die Vorbereitung der staatlichen Entscheidungen, in die Organisierung und Förderung ihrer Aktivität und konkreten Mitarbeit zur Lösung von Aufgaben bei der Entwicklung von Wissenschaft und Technik, der betrieblichen und territorialen Rationalisierung, der Erhöhung der Qualität der Produktion, der sinnvollen Nutzung der betrieblichen und örtlichen Ressourcen sowie der eigenverantwortlichen Selbsttätigkeit zur Verschönerung der Lebens- und Wohnbedingungen, der Gestaltung der Freizeit usw. Hier vollzieht sich ein Prozeß, den Lenin für die Entwicklung der sozialistischen Demokratie vorzeichnete. Ich denke hier besonders an die Darlegungen Lenins, daß der durchaus notwendige Versammlungsdemokratismus durch Formen zu ergänzen ist, die die Aktivität und Initiative der Werktätigen auf wirtschaftlichem Gebiet fördern. Er gab ferner den überaus wichtigen Hinweis, daß die sozialistische Demokratie selbst eine große ökonomische Potenz darstellt. Heute bewahrheiten sich diese Erkenntnisse in unserer Republik millionenfach. Die demokratischen Aktivitäten in den Betrieben und Wohngebieten tragen in immer stärkerem Maße ökonomische Früchte und schlagen sich in der aktiven Gestaltung der entwickelten sozialistischen Gesellschaft durch das Volk nieder.

Natürlich bin ich mir dessen bewußt, daß meine Ausführungen die Gesamtheit der Fragen, die mit der Anwendung der allgemeingültigen Lehren der Großen Sozialistischen Oktoberrevolution verbunden sind, nicht erschöpfend behandeln. Es sei mir zum Schluß gestattet, noch einmal zu unterstreichen, daß die konsequente Anwendung der Lehren der Großen Sozialistischen Oktoberrevolution und des Sowjetaufbaus unter der Führung der SED die wichtigste Grundlage für die Erfolge unseres sozialistischen Aufbaus und für die hohe Stabilität unseres Staates war und ist.

Anmerkungen

1 W. I. Lenin, Werke, Bd. 4, Berlin 1955, S. 205 f.
2 K. D. Bracher, Geschichte Europas, Die Krise Europas, Propyläenverlag, Berlin-West, Wien 1977, S. 38.
3 W. I. Lenin, Werke, Bd. 32, Berlin 1961, S. 2 f.
4 W. I. Lenin, Werke, Bd. 31, Berlin 1959, S. 361 f.
5 W. I. Lenin, Werke, Bd. 32, Berlin 1961, S. 48.
6 W. I. Lenin, Werke, Bd. 32, a. a. O., S. 89.
7 Es soll in diesem Zusammenhang auf folgende weitere Aussagen Lenins hingewiesen werden: Werke, Bd. 32, S. 49, 167, 176 f., 199, 200; Bd. 30, S. 172 f., 189, 395, 414, 438 ff.; Bd. 27, S. 231 f., 339; Bd. 29, S. 551; Bd. 33, S. 175.
Detailliertere Aussagen sind ferner zu finden in:
Werke, Bd. 26, S. 116 ff., 298; Bd. 29, S. 87, 422, 527; Bd. 30, S. 39, 48, 56 f., 396 f., 423,

446 f., 477 f., 516; Bd. 31, S. 175 ff., 226, 379 f., 511 f.; Bd. 32, S. 2, 34, 44, 47, 63, 100, 185, 245 f., 250 f.; Bd. 33, S. 242 ff., 286 f. und Ergänzungsband 1917–1923, S. 18.

8 Protokoll der Verhandlungen der II. Parteikonferenz der Sozialistischen Einheitspartei Deutschlands, Berlin 1952, S. 60.

9 W. I. Lenin, Werke, Bd. 27, Berlin 1960, S. 294 f.

10 W. I. Lenin, Werke, Bd. 27, S. 229 ff.

11 W. I. Lenin, Werke, Bd. 26, Berlin 1961, S. 363.

12 W. I. Lenin, Werke, Bd. 27, a. a. O., S. 290.

Juri Alexandrowitsch Tichomirow

Zu einigen Fragen der verfassungsmäßigen Entwicklung der UdSSR

Gestatten Sie mir, Ihnen herzliche Grüße von den Mitarbeitern des Instituts für Staat und Recht der Akademie der Wissenschaften der UdSSR zu übermitteln. Die Konferenz, die heute stattfindet, bewegt und interessiert uns zutiefst. Sie ist der Einschätzung unseres vergangenen Lebens, dem Verständnis dessen, was wir heute gemeinsam tun, und der Erarbeitung dessen, was wir in Zukunft tun werden, gewidmet.

Ich möchte heute einige Fragen der verfassungsmäßigen Entwicklung der UdSSR berühren, da die neue Verfassung das Fazit der 60jährigen Entwicklung unseres Staates zog.

Wie Sie wissen, spielten die Verfassungen stets eine wichtige Rolle im Leben des sozialistischen Staates. Sie verankerten die marxistisch-leninistischen Prinzipien des Staatsaufbaus und trugen zur schöpferischen Umgestaltung des gesellschaftlichen Lebens bei.

Die neue Sowjetverfassung wurde auf der Grundlage der schöpferischen Entwicklung der marxistisch-leninistischen Theorie ausgearbeitet. Sie spiegelt die Weiterentwicklung des gesamten politischen Überbaus wider. Aber nicht nur darin besteht der Sinn und die Bedeutung der neuen Verfassung. Sie gewährleistet die aktive Einwirkung des gesamten Überbaus auf die gesellschaftlichen Prozesse. Die Verfassung spiegelt das Anwachsen des subjektiven Faktors in der gesellschaftlichen Entwicklung wider. Von diesem Standpunkt aus möchte ich die Frage der verfassungsmäßigen Grundlagen der sozialen Leitung berühren. Die Verfassung schafft die juristische Grundlage für die Leitung der gesellschaftlichen und staatlichen Angelegenheiten. Sie bringt die Gedanken des XXV. Parteitages der KPdSU über die Festigung der rechtlichen Grundlage des staatlichen und gesellschaftlichen Lebens zum Ausdruck. Die neue Verfassung bildet und entwickelt diese rechtliche Grundlage. Unter dem Aspekt der sozialen Leitung kann vor allem betont werden, daß die Verfassung das Leitungssystem fixiert. Das ist vor allem das zum ersten Mal verankerte politische System der Gesellschaft. Von Bedeutung sind besonders zwei Aspekte des politischen Systems. In der Präambel der Verfassung heißt es, daß das politische System die Leitung der Gesellschaft sichert. Das heißt, das politische System ist das System der sozialen Leitung. Der zweite Aspekt: Das politische System ist der Mechanismus der sozialistischen Demokratie. Von diesem Standpunkt aus wird die Frage der Subjekte des politischen Systems behandelt. Die Verfassung nennt 4 Hauptsubjekte. Die führende Rolle im politischen System spielt die Kommunistische Partei. Einen angesehenen Platz nimmt der sozialistische Staat des gesamten Volkes ein. Das dritte Subjekt ist das System der gesellschaftlichen Organisationen. In jedem Fall betone ich den Systemcharakter der Subjekte. Das vierte Subjekt sind die Arbeitskollektive.

Im Verlaufe der Beratung des ganzen Volkes über den Entwurf der Verfassung wurde der Vorschlag unterbreitet, die Arbeitskollektive nicht in das Kapitel über das Wirtschaftssystem, sondern in das Kapitel über das politische System aufzunehmen. Im endgültigen Text der Verfassung wurde so verfahren. Große praktische Bedeutung hat das Zusammenwirken der Subjekte des politischen Systems, insbesondere das Zusammenwirken der örtlichen Sowjets, der gesellschaftlichen Organisationen und der Arbeitskollektive. Wir stoßen hier auf nicht geringe Schwierigkeiten, die mitunter in Doppelarbeit und Nebeneinanderherarbeiten zum Ausdruck kommen. Die Verfassung orientiert auf ein enges Zusammenwirken aller Glieder des politischen Systems. Zum politischen System zählen wir aber nicht nur die Glieder, die die gesellschaftlichen und staatlichen Angelegenheiten leiten. Ein wichtiges Element des politischen Systems bilden auch die Sozialnormen, einschließlich der Rechtsnormen. Die Verfassung erhöht das Prestige der Gesetze in der sozialistischen Gesellschaft. Die Verfassung wirkt aktiv auf die Entwicklung des gesamten Rechtssystems ein.

Zur Zeit werden die Verfassungen der Unionsrepubliken und der autonomen Republiken erarbeitet. Die Besonderheit unserer Situation besteht darin, daß in der UdSSR 36 Verfassungen gelten werden: eine Verfassung der Union, 15 Verfassungen der Unionsrepubliken und 20 Verfassungen der autonomen Republiken. Deshalb können Sie sich den Umfang der Arbeit vorstellen, die gegenwärtig praktisch geleistet wird. Und wir rechnen natürlich auf Ihre Unterstützung.

Nach der Annahme der Verfassung werden die Verfassungsgesetze ausgearbeitet werden. Das sind vor allem die 21 Gesetze, die im Wortlaut der Verfassung genannt sind. Es sind dies u. a. die Gesetze über den Ministerrat, über das Oberste Gericht, über die Staatsanwaltschaft, über die Wahlen zu den Sowjets, über das staatliche Schiedsgericht und eine Reihe anderer.

Die Verfassung wird auf die Vervollkommnung der laufenden Gesetzgebung Einfluß nehmen, und wir meinen, daß diese Arbeit in Übereinstimmung mit dem langfristigen Plan der Gesetzgebung erfolgen muß. Auch in wissenschaftlicher Hinsicht schenken wir dem große Aufmerksamkeit.

Bei der Verankerung des Systems der Leitung legt die Verfassung die strategischen und taktischen Ziele der Leitung fest.

Ich möchte die Aufmerksamkeit auf eine Besonderheit der neuen sowjetischen Verfassung lenken. Bei der Charakterisierung der Verfassung von 1936 wurde zwischen der Verfassung und dem Programm unterschieden. Das war jedoch nicht ganz begründet, weil eine sozialistische Verfassung auch programmatische Bestimmungen enthalten muß. Und eine solche Art der Verfassungsnormen wie die Zielnormen und die Grundsatznormen sind für die Struktur der Verfassungsnormen kennzeichnend.

In der neuen Verfassung sind die Ziele unserer gesellschaftlichen Entwicklung festgelegt. Das sind die generellen Ziele der Entwicklung unserer Gesellschaft – der Aufbau des Kommunismus. Das sind Ziele, deren Erreichung jetzt notwendig ist – die Schaffung der materiell-technischen Basis des Kommunismus, die Erziehung eines allseitig entwickelten Menschen und vieles andere. Aber die Ziele der Leitung sind auch in anderen Kapiteln und Abschnitten der Verfassung enthalten. Das betrifft z. B. die Entwicklung der Demokratie, die Ziel der Entwicklung des politischen Systems ist. In Artikel 14 sind die Ziele der gesellschaftlichen Produktion und in Artikel 19 die Ziele der sozialen Entwicklung und der Kultur festgelegt. Das ist bezeichnend für alle Abschnitte und Kapitel unserer Verfassung.

Die Verfassung vervollkommnet den gesamten Mechanismus der sozialen Leitung.

Interessant ist ihr Herangehen an die Bestimmung der Funktionen der Leitung in der Gesellschaft. Die Verfassung verankert nicht nur die Zuständigkeitsbereiche aller staatlichen Organe, sie bestimmt alle Bereiche des gesellschaftlichen Lebens, auf die der Staat einwirkt, das gesamte politische System und das gesamte Rechtssystem. Das ist der Bereich der politischen Beziehungen, das sind ökonomische Prozesse, der wissenschaftlich-technische Fortschritt, die Tätigkeit des Staates auf dem Gebiet des Naturschutzes, soziale Prozesse, außenpolitische Prozesse und Außenwirtschaftsprozesse. Die Verfassung gibt für alle staatlichen und gesellschaftlichen Organe und Bereiche die grundlegende Orientierung.

Eine zweite Ebene betrifft die genaue Bestimmung der Funktionen aller staatlichen Organe. In wissenschaftlicher Hinsicht ist für uns das Problem des neuen Herangehens an die Theorie der Funktionen des Staates interessant. Wir sind der Auffassung, daß es Möglichkeiten zur Vervollkommnung der traditionellen Klassifizierung der Funktionen des Staates gibt.

Die nächste Ebene bildet die Bestimmung der Funktionen der konkreten Staatsorgane. Die Verfassung stärkt die Stellung des Obersten Sowjets im staatlichen System. In der bisherigen Verfassung war das Prinzip enthalten, demgemäß der Oberste Sowjet über Fragen entschied, die nicht zur Kompetenz der rechenschaftspflichtigen Organe gehörten. Diese Formulierung hat die Erweiterung des Tätigkeitsbereichs des Obersten Sowjets nicht stimuliert. Jetzt wurde ein anderes Prinzip festgelegt. Der Oberste Sowjet entscheidet über alle Fragen, die zum Zuständigkeitsbereich der UdSSR gehören. Dementsprechend wurde auch die Kompetenz der örtlichen Sowjets erweitert.

Im Verlaufe der Volksdiskussion wurden viele Vorschläge über die Verstärkung der koordinierenden Funktionen der Sowjets unterbreitet. Praktisch ist das für uns die schwierigste Seite der Arbeit der örtlichen Organe. Deshalb führte die Verfassung eine neue Charakteristik der Funktionen der örtlichen Organe ein. Die Sowjets sichern die komplexe ökonomische und soziale Entwicklung auf ihrem Territorium. Sie koordinieren und kontrollieren die Tätigkeit aller Organisationen auf ihrem Territorium.

Natürlich muß jetzt der Mechanismus dieser Koordinierung vervollkommnet werden, insbesondere die Beziehungen zwischen den Gebietsorganen und den Ministerien. Diese Aufgabe wird bei der Vorbereitung des Gesetzes über den Gebietssowjet gelöst.

Die Verfassung spiegelt die Aufgaben und Funktionen der Regierung wider und legt genau die Spezifik der Funktionen der Ministerien als zweigleitende Organe und der staatlichen Komitees und anderen Ämter als Organe der zwischenzweiglichen Leitung fest.

Die Verfassung verankert das System der rechtschützenden Organe; neben den Organen des Gerichts und der Staatsanwaltschaft werden auch das staatliche Schiedsgericht und die Organe der Volkskontrolle in dieses System einbezogen; ein Artikel der Verfassung ist der Rechtsanwaltschaft gewidmet.

Eine weitere Besonderheit der Verfassung bildet die Entwicklung der demokratischen Prinzipien der Leitung.

Hier können drei Aspekte hervorgehoben werden. Der erste Aspekt betrifft die Vertiefung der Verbindung der staatlichen Organe mit den gesellschaftlichen Organisationen und den Arbeitskollektiven. Der zweite Aspekt besteht in der Vervollkommnung der demokratischen Prinzipien der Arbeit der staatlichen Organe. Ich möchte die besondere Bedeutung der Nutzung der öffentlichen Meinung hervorheben. Die Aufgabe besteht offenkundig nicht nur in der Ermittlung der öffentlichen Meinung, sondern auch in der

Herausbildung der richtigen öffentlichen Meinung. Und das ist die kompliziertere Aufgabe. Der dritte Aspekt betrifft die Erweiterung der Rechte der Bürger im Bereich der Leitung. In der neuen Verfassung ist der Abschnitt über die Persönlichkeit in den Vordergrund gerückt. Während dem Bürger in der früheren Verfassung 16 Artikel gewidmet waren, sind es in der neuen Verfassung 36 Artikel. Erweitert wurden die Rechte der Persönlichkeit zur Mitwirkung im Bereich der Leitung. Es wurde das Recht des Bürgers verankert, an der Leitung der gesellschaftlichen und staatlichen Angelegenheiten mitzuwirken. Die Verfassung legt die Garantien für die Realisierung dieses Rechts fest. Die Verfassung verankerte das Recht des Bürgers, den staatlichen Organen und gesellschaftlichen Organisationen Vorschläge zu unterbreiten und Mängel in der Arbeit aller staatlichen Organe zu kritisieren. Es wurde festgelegt, daß jedwede Verfolgung wegen Kritik verboten ist und Funktionäre bei Zuwiderhandlungen dafür zur Verantwortung gezogen werden. Eine weitere Neuerung besteht darin, daß vorgesehen ist, daß gegen Handlungen von Funktionären, die gegen das Gesetz verstoßen, vor Gericht Einspruch erhoben werden kann. Unsere Beobachtungen haben ergeben, daß dieser Artikel zweierlei Reaktionen in der Bevölkerung hervorgerufen hat. Einige Mitarbeiter staatlicher Organe sind beunruhigt, sie befürchten, daß man sie oft vor Gericht laden wird; und einige Bürger sind lebhafter geworden und sind der Auffassung, daß sie dieses Recht sehr häufig in Anspruch nehmen werden. Offenkundig sind aber beide Reaktionen nicht richtig. Es wird ein spezielles Gesetz über die Art und Weise der Beschwerdeeinlegung gegen Handlungen von Funktionären vor Gericht erlassen, in dem das Verfahren und die Garantien der Rechte der Funktionäre und der Bürger festgelegt werden.

Die Verfassung verankert aber nicht nur die Rechte der Persönlichkeit auf dem Gebiet der Leitung, sondern legt den Bürgern auch wichtige Verpflichtungen auf. In Artikel 59 ist zum erstenmal das Verfassungsprinzip festgelegt worden, daß die Rechte und Freiheiten in organischem Zusammenhang mit den Pflichten verwirklicht werden. Das hat große praktische Bedeutung. Wie unsere soziologischen Forschungen gezeigt haben, entwickelt ein bestimmter Teil vor Bürgern nicht immer Stimuli zur interessierten Mitwirkung an der Leitung. Mitunter kennen sie ihre Rechte sehr gut, jedoch weniger ihre Pflichten. Diesbezüglich sind in der propagandistischen Arbeit, auf dem Gebiet der Rechtserziehung für die staatlichen Organe und die gesellschaftlichen Organisationen erhebliche Aufgaben zu bewältigen. Hierin besteht natürlich auch ein wichtiges wissenschaftliches Problem.

Die neue sowjetische Verfassung festigt auf diese Weise die juristische Grundlage der sozialen Leitung. Sie sichert einerseits die Kontinuität des Mechanismus der sozialen Leitung, sichert die Realisierung der Leninschen Prinzipien der statlichen und gesellschaftlichen Tätigkeit und bereichert andererseits die Konzeption der sozialen Leitung; dies wirkt sich günstig auf die Verbesserung der Leitungspraxis aus. Jetzt hängt viel von der praktischen Verwirklichung der Verfassung ab.

Es muß gesagt werden, daß der Wirkungsmechanismus der Verfassungsnormen in unserer wissenschaftlichen Literatur noch nicht genügend untersucht worden ist und wir jetzt wissenschaftliche Arbeiten vorbereiten. Einige davon möchte ich nennen: die theoretischen Grundlagen der sowjetischen Verfassung, die Verfassungsprinzipien der Arbeit der staatlichen Organe, die wissenschaftlichen Grundlagen der Rechtsetzung. Wir halten es für zweckmäßig, eine gemeinsame Forschungsarbeit über die Verfassungen der sozialistischen Länder vorzubereiten. Das würde unsere reichen kollektiven Erfahrungen unseres Aufbaus widerspiegeln. Jetzt besteht unsere praktische Aufgabe in folgendem:

Es geht um die gründliche Erläuterung der neuen Verfassung, um die Erhöhung des Rechtsbewußtseins und der Rechtskultur der Bürger auf dieser Grundlage, um die Entwicklung ihrer politischen Aktivität und die weitere Entwicklung der Demokratie, um die Vervollkommnung der Gesetzgebung und die Festigung der Gesetzlichkeit und schließlich um die Vervollkommnung des Arbeitsstils aller staatlichen und gesellschaftlichen Organe. Deshalb betrachten wir die Verfassung als einen mächtigen Faktor des gesellschaftlichen Fortschritts. Wie Genosse Breshnew auf der Sitzung des Obersten Sowjets sagte, spiegelt die neue Verfassung der UdSSR die reichen sechzigjährigen Erfahrungen der Entwicklung des Sowjetstaates wider. Die Verfassung gibt eine Charakteristik der entwickelten sozialistischen Gesellschaft und ihres politischen Überbaus. Sie bestimmt unsere Perspektiven auf dem Weg des Aufbaus des Kommunismus.

Karl-Heinz Röder

Die Formen der sozialistischen Revolution und die revolutionäre Zerschlagung des bürgerlichen Staatsapparates

Zu den „Gründzügen" der Oktoberrevolution, die sich nach Lenins Worten „mit historischer Unvermeidlichkeit im internationalen Maßstab wiederholen"[1] werden, die *„allen* Ländern etwas, und zwar etwas überaus Wesentliches aus ihrer unausweichlichen und nicht fernen Zukunft"[2] zeigen, zählt die geschichtliche Lehre, daß die revolutionäre Zerschlagung des alten Staatsapparates ein unabdingbares Erfordernis jeder sozialistischen Revolution ist; unabhängig von den historisch bedingten Formen, in denen die sozialistische Revolution durchgeführt wird. Die von Marx und Engels begründete und von Lenin unter den Bedingungen des Imperialismus weiterentwickelte Lehre von der Notwendigkeit der revolutionären Zerschlagung des alten bürgerlichen Staatsapparates und der Schaffung der neuen proletarischen Staatsmacht hat in der Oktoberrevolution erstmals ihre siegreiche Anwendung und Bestätigung gefunden. Ihre Richtigkeit wurde in den erfolgreichen sozialistischen Revolutionen in einer Reihe von Ländern Europas, Asiens und auf Kuba unter den jeweiligen konkreten historischen Bedingungen weiter überzeugend bestätigt.

Wie von Marx, Engels und Lenin begründet und durch die geschichtlichen Erfahrungen praktisch bewiesen, besteht ein untrennbarer Zusammenhang zwischen der historischen Notwendigkeit, den alten bürgerlichen Staatsapparat zu zerschlagen und der Entstehung der neuen proletarischen Staatsmacht und ihrer Organe, die die Zerschlagung der alten Staatsmaschinerie voraussetzt. Unmittelbar aus den Erfahrungen des revolutionären Prozesses in Rußland schöpfend, schrieb Lenin in seiner Arbeit „Werden die Bolschewiki die Staatsmacht behaupten?" Ende September 1917: „Hätte die schöpferische Volkskraft der revolutionären Klassen nicht die Sowjets hervorgebracht, so wäre die proletarische Revolution in Rußland eine hoffnungslose Sache; denn mit dem alten Apparat würde das Proletariat die Macht zweifellos nicht behaupten können, ein neuer Apparat aber kann nicht auf einmal geschaffen werden."[3] Diese Grundaufgabe, die jede sozialistische Revolution lösen muß, hat Lenin in seinem Werk „Staat und Revolution" umfassend begründet. Widerlegt wurden so die rechtsopportunistischen Auffassungen, die bestritten, daß der bürgerliche Staatsapparat zerschlagen werden muß und daß die sozialistische Revolution zwangsläufig zur Diktatur des Proletariats führt. Gleichzeitig wurden damit die „links"opportunistischen, anarchistischen Forderungen nach sofortiger Abschaffung jedes Staates entschieden zurückgewiesen. Auch darin besteht die große Aktualität des Leninschen Werkes für die Gegenwart.

„Die Gesetzmäßigkeiten der sozialistischen Revolution", so heißt es im Bericht des Zentralkomitees an den IX. Parteitag unserer Partei, „werden heute unter den unterschiedlichsten Bedingungen wirksam."[4] Es „wachsen die Kompliziertheit und Mannigfaltigkeit der konkreten sozialökonomischen und politischen Bedingungen sowie der Aufgaben, mit denen die kommunistischen Parteien konfrontiert werden."[5] Die kommunistischen Parteien in den kapitalistischen Ländern unternehmen große Anstrengungen, um in Anwendung der Lehren von Marx, Engels und Lenin auf die konkreten Bedingungen jedes Landes die Wege der Heranführung der Massen an die historisch notwendigen grundlegenden politischen und sozialökonomischen Umgestaltungen auszuarbeiten und zu beschreiten. Dabei spielen die Fragen der Stellung zum gegenwärtigen bürgerlichen Staat und zur bürgerlichen Demokratie naturgemäß eine zentrale Rolle.

In einigen Publikationen wird die Auffassung von der Möglichkeit der Demokratisierung des bürgerlichen Staatsapparates von innen heraus vertreten. Direkt oder indirekt wird damit gesagt, daß in dem Maße, wie es gelänge, den bürgerlichen Staatsapparat von innen her zu demokratisieren, die Notwendigkeit seiner Zerschlagung wegfalle. Die These von der demokratischen Umwandlung des bürgerlichen Staatsapparates wird damit an die Stelle der marxistisch-leninistischen These von der Notwendigkeit der Zerschlagung des bürgerlichen Staatsapparates als einer wesentlichen Bedingung für die politische Machtergreifung der Arbeiterklasse gesetzt.

Worin besteht das Wesen der marxistisch-leninistischen Erkenntnis von der Notwendigkeit der revolutionären Zerschlagung des alten bürgerlichen Staatsapparates, warum kann die Arbeiterklasse ihre politische Macht nur bei revolutionärer Zerschlagung des alten Staatsapparates errichten?

Der entscheidende Grund ergibt sich aus dem wesensmäßigen Unterschied zwischen der sozialistischen Revolution und allen vorhergehenden Revolutionen. In der sozialistischen Revolution wird erstmals in der Geschichte nicht mehr eine Ausbeuterklasse durch eine andere abgelöst, sondern erringt mit der Arbeiterklasse die Klasse die politische Macht, die historisch dazu berufen ist, die Ausbeutung des Menschen durch den Menschen zu beseitigen und die Werktätigen in die klassenlose kommunistische Gesellschaft zu führen. Diese ihre historische Aufgabe kann die Arbeiterklasse nicht erfüllen, indem sie den alten bürgerlichen Staatsapparat einfach in ihren Besitz nimmt und für ihre Ziele in Gang setzt. Die Verwirklichung der historischen Mission der Arbeiterklasse erfordert, den alten Staatsapparat revolutionär zu beseitigen und den prinzipiell neuen sozialistischen Staatsapparat zu ersetzen. Die revolutionäre Zerschlagung des alten Staatsapparates unterscheidet daher auch die sozialistische Revolution von den vorhergehenden Revolutionen.

Seinem Wesen nach bedeutet der Begriff der revolutionären Zerschlagung des bürgerlichen Staatsapparates in der marxistisch-leninistischen Theorie nicht nur die Entfernung der der Bourgeoisie dienenden Beamten, die eine notwendige Maßnahme ist, sondern vor allem die Beseitigung der der kapitalistischen Klassenherrschaft wesenseigenen Prinzipien der Tätigkeit und Organisation des Staates und der Formen und Methoden der Machtausübung in Gestalt des bürokratischen Zentralismus, des bürgerlichen Parlamentarismus, des Berufsbeamtentums usw. Lenin wandte sich zugleich entschieden gegen jedes schematische und undifferenzierte Herangehen an diese Frage. In seiner Schrift „Werden die Bolschewiki die Staatsmacht behaupten?“ konkretisierte er die in „Staat und Revolution“ begründete Aufgabe, den alten Staatsapparat zu zerschlagen. Lenin weist dort bekanntlich daraufhin, daß die vorwiegend unterdrückenden Teile des bürgerlichen Staatsapparates in der Revolution bedingungslos und rasch zu zerschlagen, zu zerbrechen sind. Zugleich gibt es im modernen bürgerlichen Staat einen Apparat, der vorwiegend Aufgaben der Rechnungsführung, der Gewährleistung des Verkehrs-, Fernmelde-, Post und Bankwesens zu erfüllen hat, der, wie Lenin schrieb, „übernommen“ und den proletarischen Staatsorganen „untergeordnet“ werden kann. Diese Seite gewinnt mit der Entwicklung des staatsmonopolistischen Kapitalismus und der wachsenden Einschaltung des bürgerlichen Staates in ökonomische Vorgänge an Bedeutung. Es bedeutet aber in keiner Weise, daß mit dem Ausbau dieser Seite des bürgerlichen Staatsapparates die Notwendigkeit seiner revolutionären Beseitigung entfalle. Das Zerschlagen der vorwiegend unterdrückenden Teile des alten Staatsapparates und das „Übernehmen" oder „Unterordnen" der vorwiegend mit Aufgaben der Rechnungsführung befaßten Teile des alten Apparates sind zwei Formen, zwei Methoden der revolutionären Beseitigung des bürgerlichen Staates.

Die Auffassung, daß es möglich sei, den bürgerlichen Staatsapparat von innen her zu demokratisieren, wird vor allem mit dem Hinweis auf die Tätigkeit von Kommunisten in bestimmten Organen des bürgerlichen Staates wie den Kommunalorganen oder Parlamenten zu stützen gesucht. Der Einfluß, den die Kommunisten in einigen kapitalistischen Ländern gerade in den Kommunalorganen errungen haben (in Frankreich hat die FKP in ca. 1600 Kommunen die Mehrheit und in Italien verfügt die IKP mit den Sozialisten in 6 von 20 Regionen sowie in den wichtigsten Großstädten über die Mehrheit) ist ein großer und sichtbarer Erfolg dieser stärksten kommunistischen Parteien. Es ist vor allem ein Beweis des großen Vertrauens, das die Kommunisten als konsequente Verfechter der Interessen der arbeitenden Menschen dank ihres unermüdlichen Einsatzes bei den Werktätigen genießen. Die Leistungen, die die Kommunisten trotz unzähliger Behinderungen seitens der Zentralgewalt mit Unterstützung der Mehrheit der Werktätigen in nicht wenigen dieser Kommunalorgane erbringen, zeigen, daß der Bourgeoisie im Klassenkampf bestimmte Zugeständnisse abgerungen werden können. Wie Genosse Franz Dahlem in seinen „Erinnerungen" hinsichtlich der Arbeit der französischen Kommunisten auf kommunaler Ebene feststellt, erlauben die erkämpften Ergebnisse vor allem vorauszusehen, „welche großen Werke die Arbeiter Frankreichs mit den Kommunisten an der Spitze ... bringen werden, wenn sie einmal ihre Geschicke in die eigenen Hände genommen haben."[6] Das Klassenwesen des kapitalistischen Staates, das Klassenwesen der bürgerlichen Demokratie ändert sich damit nicht. Die Frage der Tätigkeit von Kommunisten in bestimmten Organen des bürgerlichen Staates stellt sich bekanntlich heute nicht zum ersten Male, wenngleich sich mit dem großen Aufschwung der Arbeiterbewegung und der gesamten demokratischen Bewegung die Möglichkeiten der Einflußnahme der Kommunisten und der mit ihr verbündeten Kräfte auf bestimmte Bereiche des bürgerlichen Staates in einigen kapitalistischen Ländern erweitert haben. Die marxistisch-leninistische Position in dieser Frage ging und geht stets davon aus, daß die Kommunisten ihre vom Vertrauen der Massen getragenen Positionen in den bürgerlichen Parlamenten oder anderen Organen des bürgerlichen Staates dazu benutzen, um die unter den Bedingungen des Kapitalismus möglichen Verbesserungen der Lage der Werktätigen zu erkämpfen und die Angriffe der herrschenden Klasse auf die Lebensbedingungen der Massen abzuwehren, zugleich jedoch der Arbeiterklasse und allen Werktätigen die Notwendigkeit grundlegender politischer und sozialökonomischer Umgestaltungen bewußt zu machen und sie an diese heranzuführen. Die marxistisch-leninistische Position geht dabei auch davon aus, daß es notwendig und möglich ist, bestimmte Angehörige des alten Staatsapparates in den Prozeß der revolutionären Umgestaltung mit einzubeziehen, sie für die notwendigen grundlegenden Umwälzungen zu gewinnen. Die revolutionäre Arbeit unter den Arbeitern, Bauern und Soldaten und unter Teilen des Offizierkorps der alten zaristischen Armee durch die Bolschewiki war eine wesentliche Voraussetzung für den Sieg der Oktoberrevolution. Sie erweist sich heute, wo die imperialistischen Staaten über hochgerüstete, in Militärpakten wie der NATO verbundenen Armeen verfügen, um so notwendiger. Diese Leninsche Position, die vom VII. Weltkongreß der Kommunistischen Internationale verteidigt und weitergeführt wurde und die heute unter den unterschiedlichsten Bedingungen, unter denen die kommunistischen Parteien in den kapitalistischen Ländern kämpfen, ihre Anwendung findet, unterscheidet sich prinzipiell von den rechtsopportunistischen Vorstellungen über eine Demokratisierung des alten Staatsapparates von innen heraus.

Die historischen Erfahrungen, auch die der DDR, zeigen, daß die revolutionäre Beseitigung des alten Staatsapparates und der Aufbau der neuen Machtorgane der Arbeiterklasse und ihrer Verbündeten in unterschiedlichen Formen und im unterschiedlichen Tempo vor sich gehen können. Dies steht im engsten Zusammenhang mit den Formen und Wegen der sozialistischen Revolution selbst. Die marxistisch-leninistische Theorie geht unter Berücksichtigung dieser Erfahrungen davon aus, daß sich die allgemeinen Gesetzmäßigkeiten des Übergangs vom Kapitalismus zum Sozialismus im wesentlichen in zwei Grundformen durchsetzen, der nichtfriedlichen Form in Gestalt des bewaffneten Aufstandes oder des Bürgerkrieges und der friedlichen Form ohne bewaffneten Aufstand oder Bürgerkrieg. Die Oktoberrevolution vermittelt für diese grundlegende Frage des revolutionären Kampfes ebenfalls allgemeingültige und aktuelle Lehren. Lenin ging in der Periode der Vorbereitung der Revolution davon aus, daß unter den Bedingungen des Imperialismus die friedliche Form der Revolution die Ausnahme sein wird, da der Imperialismus, nach außen aggressiv und nach innen reaktionär und antidemokratisch und über einen ausgebauten Militär- und Repressivapparat verfügend, bewaffnete Gewalt gegen die revolutionären Kräfte anwenden wird. Er schrieb, daß gerade angesichts dieser Bedingungen die Möglichkeit der friedlichen Entwicklung der Revolution äußerst wertvoll, zugleich jedoch auch äußerst selten ist.

Nach der bürgerlich-demokratischen Revolution im Februar 1917 eröffnete sich im damaligen Rußland in der Tat die Möglichkeit einer friedlichen Entwicklung der Revolution. In den als „Aprilthesen" bekannten Thesen „Über die Aufgaben des Proletariats in der gegenwärtigen Revolution" gibt Lenin folgende Gründe für diese Möglichkeit an. *Erstens* war nach dem Sturz der zaristischen Selbstherrschaft der alte Machtapparat im starken Maße durch die revolutionären Aktionen der Arbeiter und Bauern desorganisiert. Die Armee und die Flotte waren auf der Seite der Sowjets und die zaristischen Polizeiorgane waren aufgelöst. Die alten, reaktionären Kräfte hatten sich noch nicht wieder sammeln können, um den Übergang der Macht in die Hände der Arbeiter und Bauern zu verhindern. *Zweitens* hatten in Petrograd, dem Zentrum der alten Macht, die bewaffneten Arbeiter und Soldaten die Macht faktisch in ihren Händen. Lenin schrieb, „daß sich niemand, keine Klasse, keine ernsthafte Kraft damals dem Übergang der Macht an die Sowjets hätte widersetzen und ihn verhindern können. ... Die friedliche Entwicklung wäre damals möglich gewesen, sogar in der Beziehung, daß der Kampf der Klassen und Parteien *innerhalb* der Sowjets, wenn die ganze Fülle der Staatsmacht rechtzeitig an die Sowjets übergegangen wäre, sich möglichst friedlich und schmerzlos hätte abspielen können."[7] *Drittens* bestand zu diesem Zeitpunkt in den äußeren Bedingungen eine Situation, die dadurch charakterisiert wurde, daß die bewaffneten Kräfte der imperialistischen Mächte noch in den Krieg verstrickt waren und in dieser Periode den konterrevolutionären Kräften in Rußland keine wesentliche bewaffnete Unterstützung geben konnten. Die Möglichkeit einer friedlichen Entwicklung der Revolution bestand bis zur Juli-Krise und dem Kornilow-Putsch, als die Reaktion zur bewaffneten

Gewaltanwendung überging. Wie exakt Lenin die Entwicklung des Kräfteverhältnisses analysierte und daraus die richtigen Schlußfolgerungen für den revolutionären Kampf zog, zeigt sich auch darin, daß Lenin nach der raschen Zerschlagung des Kornilow-Putsches im September 1917 erneut die friedliche Entwicklung der Revolution für möglich hielt. Erst nach dem Verrat der Menschewiki und Sozialrevolutionäre sah er keine Chance mehr für diesen Weg; jetzt mußten alle revolutionären Kräfte auf die bewaffnete Auseinandersetzung konzentriert werden. Jetzt „muß man *sofort mit dem Aufstand beginnen*", schrieb Lenin am 14. Oktober 1917. „Der Sieg ist sicher und zu neun Zehnteln auch die Aussicht, daß er unblutig sein wird. Warten wäre ein Verbrechen an der Revolution."[8] Die Frage nach der friedlichen oder nichtfriedlichen Entwicklung der Revolution wurde von Lenin also ganz konkret in Abhängigkeit von den Möglichkeiten und der Stärke des Widerstandes der gestürzten oder zu stürzenden Ausbeuterklasse beantwortet.

Es lassen sich daher zusammenfassend folgende Schlußfolgerungen ziehen:

Erstens:

In welchen Formen der revolutionäre Prozeß auch immer verläuft, der Kampf um die politische Macht ist ein äußerst angespannter Klassenkampf, der einen raschen Wechsel des Übergangs von der zunächst friedlichen Entwicklung der Revolution zur nichtfriedlichen Entwicklung wie auch umgekehrt von der zunächst nichtfriedlichen zur friedlichen Form der Entwicklung der Revolution erfordern kann. „Eine Revolution muß auf alle Kampfformen ihrer Feinde vorbereitet sein und sich verteidigen können", wird im Aufruf zum 60. Jahrestag der Großen Sozialistischen Oktoberrevolution festgestellt.[9] Auf die Erfahrungen der Ereignisse in Chile verweisend, erklärte L. I. Breshnew auf dem XXV. Parteitag der KPdSU: „Chiles Tragödie hat die These der Kommunisten von der Möglichkeit verschiedener Wege der Revolution, darunter eines friedlichen Weges, falls die notwendigen Voraussetzungen dafür gegeben sind, keineswegs aufgehoben. Aber sie hat gebieterisch daran erinnert, daß die Revolution imstande sein muß, sich zu verteidigen."[10] Der Verlauf der chilenischen Revolution, die, wie die Kommunistische Partei Chiles auf ihrem jüngsten Plenum feststellte, mit der Tätigkeit der Regierung der Unidad Popular „die erste längere Etappe der friedlichen Entwicklung der Revolution in der gegenwärtigen Situation"[11] war, hat auf tragische Weise bewiesen, daß es keine Illusionen über die Loyalität der auf parlamentarischem Wege von der Macht verdrängten Ausbeuterklasse geben darf. Eine Verabsolutierung der Möglichkeit des friedlichen Weges der Revolution, die insbesondere die Notwendigkeit der bewaffneten Verteidigung der Errungenschaften der Revolution bestreitet, würde darauf hinauslaufen, die Revolution selbst preiszugeben.

Zweitens:

Bei jeder Form der sozialistischen Revolution ist, wie alle historischen Erfahrungen zeigen, revolutionäre Gewaltanwendung gegenüber den gestürzten oder zu stürzenden Ausbeuterklassen unabdingbar. Kann es ohnehin weder eine „rein" friedliche oder „rein" nichtfriedliche Entwicklung der Revolution geben, so wäre es erst recht eine gefährliche Illusion anzunehmen, die friedliche Entwicklung der Revolution bedeute den Verzicht auf *jegliche* Anwendung von Zwang und Gewalt, sie bedeute eine Art unbegrenzte, schrankenlose Freiheit und Demokratie für alle, einschließlich der entmachteten oder zu entmachtenden Bourgeoisie und ihrer Helfer. Auch unter den Bedingungen einer friedlichen Entwicklung der Revolution ist die Anwendung von Zwang und Gewalt wie Verhaftungen bei Sabotage und anderen feindlichen Akten unabdingbar.

Drittens:
Die nichtfriedliche oder friedliche Entwicklung der sozialistischen Revolution beeinflußt wie erwähnt wesentlich den Prozeß und die Formen und Methoden der Zerschlagung des alten Staatsapparates. Bei aller Unterschiedlichkeit der Entwicklungswege ist jedoch die revolutionäre Zerschlagung des alten bürgerlichen Staatsapparates und die Errichtung des neuen, von der Arbeiterklasse und ihren Verbündeten getragenen Staatsapparates die Kernfrage, die über den siegreichen Verlauf jeder sozialistischen Revolution entscheidet.

Anmerkungen

1 W. I. Lenin, Der ‚linke Radikalismus', die Kinderkrankheit im Kommunismus, in: Werke, Band 31, S. 5.
2 A. a. O., S. 6.
3 W. I. Lenin, Werden die Bolschewiki die Staatsmacht behaupten?, in: Werke, Band 26, S. 87.
4 Bericht des Zentralkomitees der SED an den IX. Parteitag der SED, Berichterstatter: Genosse Erich Honecker, Berlin 1976, S. 135.
5 Ebenda.
6 F. Dahlem, Am Vorabend des zweiten Weltkrieges, Erinnerungen, Band I, Berlin 1977, S. 148.
7 W. I. Lenin, Zu den Losungen, in: Werke, Band 25, S. 182.
8 W. I. Lenin, Brief an das ZK, das Moskauer Komitee, das Petrograder Komitee und an die bolschewistischen Mitglieder der Sowjets von Petrograd und Moskau, in: Werke, Band 26, S. 126.
9 Aufruf zum 60. Jahrestag der Großen Sozialistischen Oktoberrevolution, in: Neues Deutschland vom 25. 2. 1977, S. 1.
10 XXV. Parteitag der KPdSU, Rechenschaftsbericht des ZK der KPdSU und die nächsten Aufgaben der Partei in der Innen- und Außenpolitik, Berichtserstatter: L. I. Breshnew, Berlin 1976, S. 38.
11 Kommunique über Plenum des ZK der KP Chiles, in: Neues Deutschland vom 1. 9. 1977, S. 6.

Werner Wippold

Zum revolutionären Wesen der sozialistischen Demokratie

Karl Marx schloß in seine Analyse der Pariser Kommune, des ersten Versuchs der Arbeiterklasse, ihren eigenen Staat zu gestalten, die Feststellung ein, daß die Arbeiterklasse von ihrer Staatsmacht keine Wunder verlange, daß die politische Macht der Arbeiterklasse „keine fix und fertigen Utopien durch Volksbeschluß einzuführen“ habe.[1]

Diese Feststellung gilt uneingeschränkt auch für die Geburt und die Entfaltung der sozialistischen Demokratie, und zwar erst einmal in dem Sinne, daß die Arbeiterklasse ihre sozialistische Demokratie überhaupt nur erkämpfen kann, wenn sie sich von illusionären Vorstellungen über Staat und Demokratie freimacht.

Als durch die Februarrevolution 1917 Millionen Menschen in die Politik hineingezogen wurden und die Menschewiki und Sozialrevolutionäre, getragen von einer gewaltigen kleinbürgerlichen Woge, die Führung in den in der Februarrevolution entstandenen Sowjets inne hatten, wurden die Sowjets an die bürgerliche Demokratie gefesselt. Lenin spricht von der Prostituierung der Sowjets durch die Menschewiki und Sozialrevolutionäre. Die Entfaltung ihres geschichtlichen Wesens war für Lenin untrennbar mit „der Befreiung der Sowjets von kleinbürgerlichen Illusionen, ihrer Wanderung durch das ‚Fegefeuer‘ eines praktischen Studiums der ganzen Niedertracht und Schmutzigkeit *aller* und *jeglicher* bürgerlichen Koalitionen“ verbunden.[2]

Gerade die stürmische Entwicklung unmittelbar vor der Errichtung der Sowjetmacht ist ein Beweis dafür, daß die opportunistischen und revisionistischen Kräfte die klare Frontstellung von bürgerlicher und sozialistischer Demokratie zu verwischen versuchen und solche Versuche selbst in den Reihen der Partei der Kommunisten möglich sein können. Sinowjew und Kamenew traten noch in der entscheidenden Sitzung des Zentralkomitees der Bolschewiki am 10. Oktober 1917 für die bürgerliche „Konstituierende Versammlung plus Sowjets“ als den „kombinierte (n) Typ der staatlichen Einrichtung“[3] ein, eine Konzeption, die die Konservierung der bürgerlichen politischen Institutionen bedeutete.

Mit dieser Formulierung vom „kombinierten Typ“ wollten sie, wie Lenin schreibt, „den *Verzicht* auf die Übertragung der Macht an die Sowjets einschmuggeln, *heimlich* einschmuggeln, weil man *Angst* hat, sich offen von unserer Losung loszusagen ...“[4] Das ZK folgte mit Ausnahme Sinowjews und Kamenews Lenin.

Die Verwirklichung der Leninschen Losung „Alle Macht den Sowjets“ – das war der Bruch mit der bürgerlichen Demokratie. Ohne diesen Bruch kann die Arbeiterklasse die Macht weder erringen noch halten. Die Arbeiterklasse braucht ihre eigene, der bürgerlichen überlegene Demokratie und ist fähig, diese Demokratie ohne und gegen die Bourgeoisie zu gestalten.

Die sozialistische Demokratie tritt mit der Ergreifung der politischen Macht durch die Arbeiterklasse ins Leben. Doch bedarf die qualitative und quantitative Entfaltung ihres Wesens der ständigen Aufmerksamkeit der Partei der Arbeiterklasse, des Staates und der gesellschaftlichen Organisationen.

Ganz eindeutig entwickeln sich mit dem Voranschreiten der sozialistischen Umwälzung, mit dem Reifen der sozialistischen Gesellschaft *vielfältige Formen der demokratischen Lebensgestaltung der Werktätigen,* so in den Arbeitskollektiven und den Wohngebieten, auf sportlichem und kulturellem Gebiet. Das sind Entwicklungen, in denen sich die sozialistische Art und Weise des gesellschaftlichen Lebens äußert und sozialistische Persönlichkeiten geformt werden.

Es ist dabei wichtig, diesen ganzen Prozeß als einen vom sozialistischen Staat geleiteten, organisierten und geschützten Prozeß zu erfassen, als einen Prozeß, für dessen Entfaltung der sozialistische Staat über die entscheidenden Potenzen verfügt. Zu diesen Potenzen gehört die ökonomische Kraft des sozialistischen Staates, als ein wichtiges Merkmal der Realität der sozialistischen Demokratie. Durch die Konzentration ökonomischer Mittel in den Händen des sozialistischen Staates wird gesichert, daß der sozialistische Staat entsprechend seiner zentralen Stellung im politischen System unserer sozialistischen Gesellschaft seine Rolle als Hauptinstrument bei der Gestaltung der entwickelten sozialistischen Gesellschaft und auf dem Wege zum Kommunismus erfüllen kann.

Zu den Potenzen der sozialistischen Staatsmacht gehört weiter, daß sie der Träger der Volkssouveränität ist. Die Arbeiterklasse hat die sozialistische Staatsmacht mit umfassendster, uneingeschränkter Kompetenz und Machtvollkommenheit ausgerüstet, mittels derer die Einheit von entwickeltem Leitungsinstrument in Form des Staates und dem ganzen Volk der DDR, die Rolle der Arbeiterklasse als des Organisators, des Führers im Sozialismus und auf dem Wege zum Kommunismus zum Tragen kommen kann.

Daraus leitet sich die besondere Verantwortung der sozialistischen Staatsmacht, jedes Volksvertreters, jedes Staatsfunktionärs, jedes Bürgers, die Mitverantwortung aller gesellschaftlichen Organisationen für die Stärkung der Staatsmacht ab. An dieser Position, die der Entwicklung unseres Staates, unserer Demokratie zugrunde liegt, an ihrer Umsetzung und Vervollkommnung wurde unter Führung der Partei der Arbeiterklasse ständig gearbeitet. Eine solche Position zur Staatsmacht kann selbstverständlich kein Lob von bürgerlicher Seite erwarten. Wir begreifen die Stärkung der Staats*macht* und die Entfaltung der Demokratie als Einheit und bekennen uns offen zur Unvereinbarkeit dieser Theorie und Praxis mit bürgerlichen Vorstellungen. Seit dem die Arbeiterklasse zur selbstbewußten Klasse geworden ist, hat sie ihre eigenen Vorstellungen und Maßstäbe auch in dieser Frage entwickelt.

In einem jüngsten programmatischen Dokument der internationalen Arbeiterbewegung, in der marxistisch-leninistischen programmatischen Erklärung der Kommunistischen Partei Kubas vom Dezember 1975 wird die mit der sozialistischen Revolution in Kuba geschaffene Demokratie für die Arbeiter, Bauern und die anderen Werktätigen wie folgt charakterisiert: „Diese sozialistische Demokratie ist der bürgerlichen Demokratie in all ihren Formen ungeheuer überlegen, in der die scheinbare, formale Freiheit immer die ausschließliche Diktatur der Minderheit der Ausbeuter und ihrer Verbündeten über die große Masse des Volkes – Schöpfer des Reichtums und Opfer des Elends und der Unwissenheit, dem die praktische Ausübung der grundlegendsten demokratischen Rechte verweigert wird – ist.“[5]

Diese Position wurde aus der Synthese zwischen den Erfahrungen des revolutionären

Kampfes in Kuba selbst und den Erfahrungen der internationalen Arbeiterklasse seit der Großen Sozialistischen Oktoberrevolution abgeleitet.

Der Antagonismus zwischen Kapitalismus und Sozialismus ist umfassend. Er ist Antagonismus auf ökonomischem, politischem und ideologichem Gebiet. Die Sphäre der Demokratie ist davon nicht ausgenommen oder ausnehmbar, im Gegenteil.

Eine ganz andere Frage, die wir uns stellen müssen, ist die, ob wir schon alle demokratischen Institutionen, das ganze demokratische Leben voll entwickelt haben. Im März 1919, auf dem VIII. Parteitag der KPdSU, sagte Lenin, daß die Sowjets, die entsprechend ihrem Programm Organe der Verwaltung durch die Werktätigen sein sollen, in Wirklichkeit Organe der Verwaltung für die Werktätigen sind, einer Verwaltung durch die fortgeschrittenste Schicht des Proletariats, nicht durch die Massen selbst.[6]

Inzwischen sind nahezu sechs Jahrzehnte mit großen sozialen Veränderungen im Sowjetland und – darauf aufbauend – sechs Jahrzehnte der Entwicklung der Sowjets als Organe der Verwaltung durch die Werktätigen selbst vergangen. Dennoch geht die KPdSU davon aus, daß der bestehende Mechanismus der sozialistischen Demokratie, wie es J. Andropow kürzlich formulierte, die äußerste Grenze seiner Entwicklung und Vervollkommnung noch nicht erreicht hat.[7] Anders ist die Kennzeichnung der Entfaltung der sozialistischen Demokratie als Hauptrichtung der Vervollkommnung der Staatsmacht im Sozialismus auch gar nicht zu begreifen. Wenn wir von einem längeren Prozeß der steten Entwicklung der sozialistischen Demokratie sprechen, so stellen wir zugleich fest, daß es sozialistische Demokratie für die werktätigen Klassen und Schichten ist, und damit für die Mehrheit der Bevölkerung. Zugleich ist sie real, nicht illusionär, und entspricht in ihrem Reifegrad den jeweiligen Möglichkeiten, wobei das Ausmaß der Möglichkeiten demokratischer Gesellschaftsgestaltung im Sozialismus von politischen, ideologischen und nicht zuletzt ökonomischen Realitäten bestimmt wird. Diese Realitäten beinhalten: Die politische Festigkeit der sozialistischen Gesellschaft, die Reife der Partei, die politische Reife der Werktätigen, die Stabilität der Staatsmacht, die Stärke der ökonomischen Verhältnisse des Sozialismus, das Bündnis mit der Sowjetunion und die Verankerung in der Gemeinschaft der sozialistischen Staaten. Andererseits gehören zu den Realitäten auch jene ständigen Störungen, die von imperialistischer Seite ausgehen. Sie sind nicht einflußlos auf eine demokratische Gesellschaftsgestaltung. Durch sie ist der Sozialismus ständig zu politischen, militärischen und ökonomischen Aufwendungen gezwungen, die nicht dem Wesen des Sozialismus entsprechen, die sich vielmehr aus dem aggressiven Wesen des Imperialismus ergeben.

Das Ausmaß demokratischer Gesellschaftsgestaltung wird immer zuerst bestimmt vom Erfordernis der Sicherung der politischen Macht. Das Erfordernis der Machtsicherung steht jedoch der Demokratie im Sozialismus nicht entgegen, denn *die sozialistische Demokratie ist Machtausübung.* Da sich die Macht des sozialistischen Staates auf die Bewußtheit, auf das Schöpfertum der werktätigen Massen gründet, kann es im Sozialismus keine von der Demokratie losgelöste Machtausübung geben. Daher müssen alle Erörterungen über als demokratisch deklarierte Formen der Gestaltung des politisch-staatlichen Lebens für den Vormarsch des Sozialismus nutzlos bleiben, wenn solche Formen losgelöst von den Erfordernissen der Machtausübung und Machtsicherung „konstruiert“ werden. Dabei ist es eine auffällige Begleiterscheinung, daß sie von Ideologen propagiert werden, die für die Sicherung der sozialistischen politischen Macht weder verantwortlich sind noch verantwortlich sein wollen. Es werden ohne Verantwortung gegenüber den Arbeitern und den anderen Werktätigen Utopien entwickelt, d. h. es wird versucht, die sozialistische Bewegung ideologisch zurückzuzerren, statt sich Rechenschaft darüber abzulegen, welche stete Entwicklung die Demokratie in den Ländern des Sozialismus seit der Großen Sozialistischen Oktoberrevolution genommen hat und wie diese Entwicklung weiter voranzutreiben ist. So führte Lenin in „Staat und Revolution" aus:

„Entwicklung der Demokratie *bis* zu *Ende,* Auffinden der *Formen* einer solchen Entwicklung, ihre Erprobung in der *Praxis* usw. – das bildet eine der integrierenden Aufgaben des Kampfes um die soziale Revolution."[8]

Anmerkungen

1 K. Marx, Der Bürgerkrieg in Frankreich, in: K. Marx, F. Engels, Werke, Bd. 17, Berlin 1962, S. 343.
2 W. I. Lenin, Werden die Bolschewiki die Staatsmacht behaupten?, in: W. I. Lenin, Werke, Bd. 26, Berlin 1961, S. 87 f.
3 Protokolle des Zentralkomitees der SDAPR (B), August 1917 bis Februar 1918, Moskau 1958, S. 8; zitiert nach W. M. Schapko, Begründung der Prinzipien der staatlichen Leitung durch W. I. Lenin, Berlin 1970, S. 55.
4 W. I. Lenin, Brief an die Genossen, in: W. I. Lenin, Werke, Bd. 26, S. 187.
5 Programmatische Plattform der Kommunistischen Partei Kubas, in: I. Parteitag der Kommunistischen Partei Kubas, Berlin 1976, S. 398.
6 W. I. Lenin, Bericht über das Parteiprogramm, in: W. I. Lenin, Werke, Bd. 29, Berlin 1961, S. 169.
7 Juri Andropow zum 100. Geburtstag von Feliks Dzierzynski, in: Presse der SU 39/77, S. 4.
8 W. I. Lenin, Staat und Revolution, in: W. I. Lenin, Werke, Bd. 25, Berlin 1960, S. 466.

Karl-Heinz Schöneburg

Verfassung und Dialektik der Gesellschaftsentwicklung

Mit der Oktoberrevolution beginnt auch die Geschichte der Verfassungstheorie und Verfassungspraxis im Sowjetstaat. Sie wird markiert durch die vom III. Allrussischen Sowjetkongreß im Januar 1918 bestätigte „Deklaration der Rechte des werktätigen und ausgebeuteten Volkes", durch die vom V. Allrussischen Sowjetkongreß am 10. 7. 1918 angenommene RSFSR-Verfassung, durch die vom II. Sowjetkongreß der UdSSR am 31. 1. 1924 bestätigte erste Unionsverfassung, durch die Verfassung des siegreichen Sozialismus vom 5. 12. 1936, die vom VIII. Außerordentlichen Allunions-Sowjetkongreß angenommen wurde. Diese Entwicklung kulminiert in der neuen UdSSR-Verfassung vom 7. Oktober 1977.

In der Geschichte der sowjetischen Verfassungen fanden die verfassungstheoretischen Erkenntnisse von Marx, Engels und Lenin ihre prinzipielle Bestätigung und Fortentwicklung. Zugleich wurden die progressiven Erkenntnisse vormarxistischer Denker über Wesen und Wert von Verfassungen aufgehoben, auf einer qualitativ höheren Stufe gesellschaftlicher Entwicklung und theoretischen Denkens fruchtbar gemacht.

Die in den sowjetischen Verfassungen praktizierte und zugleich durch Praxis fortentwickelte marxistisch-leninistische Verfassungstheorie läßt den ganzen qualitativen Gegensatz, die historische Überlegenheit des Verfassungsdenkens der Arbeiterklasse und ihrer marxistisch-leninistischen Partei gegenüber den Verfassungen bürgerlicher Staaten und den Verfassungslehren bürgerlicher und imperialistischer Ideologen sichtbar werden.

I.

L. Breshnew betonte in seiner Rede zur Begründung des Entwurfs der neuen UdSSR-Verfassung: „W. I. Lenin und die Partei der Bolschewiki gingen davon aus, daß die Verfassung nicht nur ein juristischer Akt, sondern auch ein außerordentlich wichtiges politisches Dokument ist. Die Partei sah die Verfassung als Bestätigung der Errungenschaften der Revolution und zugleich als Verkündung der grundlegenden Aufgaben und Ziele des sozialistischen Aufbaus an."[1] Und in seinem Bericht vor dem Obersten Sowjet über die Ergebnisse der Volksaussprache zur neuen Verfassung hieß es ähnlich: Das Grundgesetz „verankert das Erreichte und eröffnet zugleich die Perspektive für die weitere Entfaltung des kommunistischen Aufbaus."[2]

Damit ist ein Kernproblem marxistisch-leninistischer Verfassungstheorie gestellt: die Beziehungen zwischen Verfassung und Dialektik der gesellschaftlichen Entwicklung. Diese Problematik hat eine lange Geschichte im staats- und verfassungstheoretischen Denken der Arbeiterklasse. Engels spricht in einem Brief an Bloch von Verfassungen als Resultaten des Klassenkampfes, „nach gewonnener Schlacht durch die siegende Klasse festgestellt."[3]

Für Robespierre war in einer gleichen Denkrichtung „die Verfassung ... das Regime der siegreichen und friedlichen Freiheit", im Unterschied zur Revolution als dem „Krieg der Freiheit gegen ihre Feinde".[4] Und unter den Bedingungen der bürgerlich-demokratischen Revolution in Rußland hob Lenin im November 1905, auf jenen Erkenntnissen aufbauend, hervor: „Bevor man jedoch den Sieg des Neuen über das Alte verankern kann, und damit man diesem Sieg rechtskräftige Form geben kann, muß man wirklich siegen, muß man die Macht der alten Institutionen brechen, sie hinwegfegen, das alte Gebäude dem Erdboden gleichmachen."[5]

In diesen Kernsätzen von Engels und Lenin ist die marxistisch-leninistische Grundaussage enthalten: Verfassungsfragen sind Machtfragen. Sie spiegeln in erster Linie soziale Kräfteverhältnisse wider, die sich letztlich aus materiellen Lebensbedingungen der Gesellschaftsklassen ergeben. Diese Ausgangsthese der marxistisch-leninistischen Verfassungslehre hebt also die gesellschaftliche Bedingtheit von Verfassungen hervor. Sie haben eine Basis ihrer Entstehung, ihrer Entwicklung und ihres Untergangs, die außerhalb der Verfassung selbst zu suchen ist. Und das Verfassungsrecht teilt in dieser Hinsicht völlig das Wesen des Rechts generell.[6]

Diese Position stimmt nur äußerlich mit Lassalles Verfassungsthesen überein, die er in seinen Verfassungsvorträgen im Jahre 1862 darlegte. Er qualifizierte Verfassungsfragen ebenfalls als Machtfragen und hob die bestimmende Rolle der „tatsächlichen Machtverhältnisse" für Verfassungsgeltung und Verfassungsentwicklung hervor.[7] Zu Recht ist von marxistisch-leninistischen Staatstheoretikern belegt worden, daß Lassalle mit dem „Schlagwort von der entscheidenden Rolle der faktischen Machtverhältnisse und der sekundären Rolle der geschriebenen Verfassung mehr Unheil angerichtet als Wohltaten gebracht" habe. Denn Lassalle fehlte das wissenschaftliche Verständnis „für den realen Inhalt und die Bewegungstendenzen dieser Machtverhältnisse".[8] Lassalles Verfassungstheorie krankt an Materialismus und Dialektik. Während die revolutionäre Arbeiterklasse historisch veraltete, den Fortschrtit hemmende, objektiven Notwendigkeiten des historischen Progresses widersprechende Verfassungen liquidiert wissen will, trägt Lassalles Theorie dazu bei, progressive Verfassungsnormen abzuwerten, ihre gesellschaftliche Wirkung einzuschränken, die schöpferisch-organisierende Funktion von Verfassungsnormen gegenüber verfassungswidriger Gewalt zu negieren. Engels hat sich 1865 mit der Position Lassalles in seiner Schrift „Die preußische Militärfrage und die deutsche Arbeiterpartei" im einzelnen auseinandergesetzt. Es ging um das Problem historischer Fortschritt und Verfassung, Verfassung als normativer Rahmen, als staatsrechtliche Normierung für gesellschaftlichen Fortschritt und damit als Element des Fortschritts.[9]

Weil marxistisch-leninistische Verfassungstheorien im Unterschied zu Lassalle an der Dialektik des historischen Prozesses orientiert sind, deshalb verlieren Verfassungen und Verfassungsnormen dann ihre Berechtigung, wenn die Basis ihrer Existenz historisch-gesetzmäßig entfallen ist. Damit ist eine grundlegende verfassungstheoretische Position Hegels im Marxismus aufgehoben.

Hegel verurteilt jede konservativ-restaurative Verfassungstheorie, die er als „Extrem des steifen Beharrens auf dem positiven Staatsrecht eines verschwundenen Zustandes" geißelt.[10] Seine verfassungstheoretische Ausgangsposition umschließt die Forderung, in einer Staatsverfassung das historisch Notwendige anzuerkennen, zu normieren und damit zur verbindlichen Richtschnur für gesellschaftliches Verhalten zu machen. Allein die Beziehung einer Verfassung zur historischen Notwendigkeit entscheidet über ihre Verbindlichkeit. Deshalb heißt es in Hegels Landständeschrift von 1817: „Altes Recht und alte

Verfassung sind ebenso schöne, große Worte, als es frevelhaft klingt, einem Volk seine Rechte zu rauben. Allein ob das, was altes Recht und Verfassung heißt, recht oder schlecht ist, kann nicht aufs Alter ankommen ... Man hat oft wiederholt, daß Rechte nicht verlorengehen können, daß hundert Jahre Unrecht kein Recht machen können – Man hätte hinzusetzen sollen: wenn auch das hundertjährige Unrecht diese hundert Jahre lang Recht geheißen hätte; ferner, daß hundertjähriges und wirkliches positives Recht mit Recht zugrunde geht, wenn die Basis wegfällt, welche die Bedingung seiner Existenz ist."[11] In Anwendung dieser dialektischen Verfassungstheorie schlußfolgert er deshalb in seiner Verfassungsschrift des Jahres 1802 den Tod der bestehenden deutschen Staatsverfassung: denn: „Die Organisation des Körpers, welche die deutsche Staatsverfassung heißt, hatte sich in einem ganz anderen Leben gebildet, als nachher und jetzt in ihm wohnt."[12] Es ist die Basis für die Gültigkeit dieser Staatsverfassung verschwunden, und die neue gesellschaftliche Wirklichkeit, „die jetzige Lebendigkeit hat sich nicht in Gesetze zu fassen gewußt".[13] Hegels Staatsdenken kulminiert in der, wenngleich objektiv idealistisch begründeten, Forderung, dem historisch notwendigen Staat die ihm gemäße Verfassung zu geben. Das heißt, Staatsverfassung und Gesetzmäßigkeit der Gesellschaftsentwicklung in Übereinstimmung zu bringen und zu halten. Wird das nicht erreicht, bleibt die Verfassung hinter den Notwendigkeiten des gesellschaftlichen Fortschritts zurück, dann wird für Hegel die Verfassung zum „System des Gedankenstaates",[14] es kommt zum „Moderbegriff von Verfassung", die Verfassung wird zum „Papierlabyrinth".[15] Für Hegel müssen Verfassungen, die Anspruch auf Verbindlichkeit erheben können, stets entsprechend „einer vom Gedanken ausgehenden Wirklichkeit" gestaltet werden, dies bedeutet für Hegel aber nichts anderes, als daß Verfassungen die Notwendigkeiten des historischen Prozesses widerspiegeln müssen. „Gefahrlose Ruhe und Nullität" kennzeichnen demgegenüber historisch abgewirtschaftete Verfassungen.[16]

Allerdings werden Verfassungen und Verfassungsnormen, die den Erfordernissen des historischen Fortschritts entsprechen, nicht automatisch aus sich selbst heraus zu gesellschaftlichen Machtfaktoren. Es gehörte zu den Verfassungsillusionen der besten Vertreter der jungen revolutionären Bourgeiosie, zu glauben, man brauche zur Glückseligkeit der Gesellschaft nichts weiter als eine gute Verfassung.[17] Hegel stellte demgegenüber bereits die Verfassung in Beziehung zur Organisiertheit, zum Grad des Selbstbewußtseins des Volkes. Die Wirklichkeit der Verfassung hängt in dieser Weise für ihn von der Organisiertheit und Bewußtheit des Volkes ab, wenngleich er beide Kategorien wiederum nur objektiv idealistisch sieht. „Einem Volk eine, wenn auch ihrem Inhalte nach mehr oder weniger vernünftige Verfassung a priori geben zu wollen – dieser Einfall übersähe gerade das Moment, durch welches sie mehr als ein Gedankending wäre. Jedes Volk hat deswegen die Verfassung, die ihm angemessen ist und für dasselbe gehört".[18]

Lenin stellt diesen theoretischen Ansatz Hegels vom Kopf auf die Füße, begründet seine Position materialistisch und klassenmäßig: Verfassungen, die den historischen Notwendigkeiten entsprechen, ihnen den Weg bahnen wollen, können das nur, wenn sie eine alles entscheidende Garantie zur Seite haben: „Die Stärke jener Klassen des Volkes, die sich dieser Rechte bewußt sind und sie erzwungen haben."[19]

II.

Marx beschreibt das Wesen *bürgerlicher* Verfassungen verallgemeinernd so: „Verfassungen wurden früher gemacht und angenommen, sobald der gesellschaftliche Umwälzungsprozeß an einem Ruhepunkt angelangt war, die neugebildeten Klassenverhältnisse sich befestigt hatten und die ringenden Fraktionen der herrschenden Klasse zu einem Kompromiß flüchteten, der ihnen erlaubte, den Kampf unter sich fortzusetzen und gleichzeitig die ermatteten Volksmassen von demselben auszuschließen."[20] Es bezeichnet einen der wichtigsten Wendepunkte in der Geschichte des Staats- und Verfassungsdenkens, als der junge Marx 1844 die Notwendigkeit begründete, die für die bürgerliche Gesellschaft typische Trennung zwischen Staat und Gesellschaft, zwischen politisch-staatlicher und gesellschaftlicher Macht des Volkes aufzuheben. In seiner Schrift „Zur Judenfrage" kennzeichnet er die Befreiung der Menschheit als einen Zustand, in dem der Mensch seine eigenen Kräfte als gesellschaftliche erkennt und organisiert und nunmehr die gesellschaftliche Kraft nicht mehr in Gestalt der politischen Macht von sich trennt.[21] Im „Kommunistischen Manifest" des Jahres 1848 erhält diese Forderung eindeutiges Klassenprofil: Der Staat als Gemeinschaft des Volkes ist nur möglich über die politische Macht der Arbeiterklasse, über die Errichtung und Entwicklung der Diktatur des Proletariats, wie Marx und Engels seit 1850 formulieren. So wird die staatliche Macht zur Macht der Selbstbefreiung des Volkes. „Die Selbstentfaltung der Gesellschaft auf der Grundlage des Sozialismus ist die jetzt auch den Staat, seine Form, seinen Inhalt, seinen Zweck gestaltende Kraft."[22] Diese Dynamik von Staat und Gesellschaft, die mit der proletarischen Revolution einsetzt, gilt es, verfassungsrechtlich zu entfalten. Nur so ist jene großartige Einsicht Marxens aus dem Jahre 1843 zu verstehen, wonach eine Verfassung dann mit der Entwicklung mitzugehen in der Lage ist, wenn der „Fortschritt zum Prinzip der Verfassung gemacht wird ... also der wirkliche Träger der Verfassung, das Volk, zum Prinzip der Verfassung gemacht wird".[23]

Diese kritische Aussage Marxens gegen Hegel ist insofern berechtigt, als Hegels Verfassungstheorie nicht auf dem Prinzip der Volkssouveränität aufbaute. Die Vorstellung allerdings, das Volk habe bei Hegel keinen Verfassungsrang, es sei nur zu vernünftigem Handeln unfähiger Pöbel, erweist sich als Vorurteil. In der Landständeschrift von 1817 hält es Hegel beispielsweise für an der Zeit, „wie man bisher vornehmlich in den Kreisen der höheren Staatsbehörden organisiert hat, auch die unteren Sphären wieder zu einer politischen Ordnung und Ehre zurückzubringen und sie, gereinigt von Privilegien und Unrechten, in den Staat als eine organische Bildung einzufügen", um so das Volk aus einem unorganisierten Haufen zu einem Staat zu machen.[24]

Die Marxsche Forderung nach einer auf Volkssouveränität basierenden Verfassung hat allerdings ganz andere Qualität, weil das Volk von ihm sozialökonomisch definiert wird. Es ist nicht schlechthin Bevölkerung, es ist auch nicht allein durch den Gegensatz zu den Regierenden (so Hegel) charakterisiert, sondern es besteht aus jenen Klassen und Schichten der Gesellschaft, die auf Grund ihrer materiellen Lebensverhältnisse am historischen Fortschritt interessiert und zu dessen Durchsetzung (wenn auch unterschiedlich) befähigt sind. Vor allem weiß Marx, daß verfassungsrechtliche Verwirklichung der Volkssouveränität an gesellschaftliche Voraussetzungen und Bedingungen (ökonomischer, ideologischer und politischer Natur) gebunden ist. Die am historischen Fortschritt interessierten Menschengruppen müssen ihre eigenen gesellschaftlichen Kräfte erkennen, organisieren und als politische Macht zur Geltung bringen; nicht zuletzt durch und mittels sozialistischer Verfassungen.

Wir befinden uns damit in einem bewußten Gegensatz zur bürgerlichen Verfassungslehre, so z. B. zu Kriele, der in seiner Staatslehre von 1975 Volkssouveränität und Verfassungsstaat als „polare, einander ausschließende Gegensätze" apostrophiert. Für ihn ist das Prinzip Volkssouveränität „revolutionärer Sprengstoff gegen den Verfassungsstaat".[25] Soweit das Volk etwa durch Volksabstimmung eine Verfassung schaffe oder abschaffe, stehe es oberhalb oder zeitlich *vor* dem Verfassungsstaat, jedenfalls nicht *innerhalb* desselben. Und Grund- bzw. Menschenrechte seien „Antwort auf Tendenzen zur Souveränität", gleichsam Barrieren der Volkssouveränität.[26] Es bedarf an dieser Stelle nicht des Nachweises, daß konträr dazu für die marxistisch-leninistische Verfassungstheorie Grundrechte gerade Realisation der Volkssouveränität für den einzelnen sind.

III.

Marxistisch-leninistische Verfassungstheorie, die die Verfassung in die Dialektik des historischen Prozesses einordnet, als deren Produkt und Hebel zugleich sieht, ist mit einer Position unvereinbar, für die sozialistische Verfassungen lediglich „Fazit bereits erzielter Errungenschaften", „Registrierung des Erreichten", das ganze Gegenteil von Programmen sind.[27]

Es entspricht der fortschrittsfeindlichen Haltung der zur Macht gelangten Bourgeoisie, nicht aber dem Wesen der ihre historische Mission auch mittels Verfassung realisierenden Arbeiterklasse, daß jede Verfassung sozusagen nur den Status quo zu integrieren habe, aber nicht in die Zukunft vorausplanen könne.[28]

Mit dem Prinzip der Volkssouveränität und der staatlichen und gesellschaftlichen Macht der Arbeiterklasse erhalten die entscheidenden Verfassungsnormen notwendig einen dynamischen Charakter. Das gilt für jede Verfassung im Sozialismus und auf dem Wege zum Sozialismus. Das zeichnet alle Verfassungen des Sowjetstaates in hervorragendem Maße aus. Das charakterisiert auch die verfassungstheoretische und verfassungspraktische Arbeit der SED. Für die Arbeiterklasse sind Verfassungen verbindliche Aktionsprogramme für bewußtes gesellschaftlich-politisches Handeln des werktätigen Volkes. Das umschrieb Otto Grotewohl 1947 mit den Worten: „Erst wenn die Verfassungsfragen mit den politischen Entwicklungsgesetzen des gesellschaftlichen Ganzen verbunden sind und die politische Bedeutung der einzelnen Probleme klar vor uns steht, sind sie aus den abstrakten Höhen einer formalen Jurisprudenz in die Wirklichkeit unseres politischen Lebens gerückt. Erst dann kann der enge Zusammenhang zwischen der politischen Entwicklung unseres Volkes und den Einzelfragen der Staatsverfassung klar werden."[29]

Für die Anwendung der marxistisch-leninistischen Verfassungstheorie der Arbeiterklasse bereits im Prozeß der Ausarbeitung der ersten DDR-Verfassung des Jahres 1949 bieten die Beratungen des Verfassungsausschusses des Deutschen Volksrates interessante Belege. So wurde in den Beratungen des Verfassungsausschusses am 11. Mai 1948 und am 6. Juli 1948 über das Problem debattiert, inwieweit die zu erarbeitende antifaschistisch-demokratische Verfassung den Weg des weiteren historischen Fortschritts normieren könne bzw. ob diese Verfassung sich nur auf das Festschreiben des bereits Erreichten beschränken dürfe. In der Diskussion betonte zunächst Steiniger: „Eine Verfassung hat die Aufgabe, den gesellschaftlich erreichten Zustand wetterfest zu machen, unter Dach zu bringen und gleichzeitig die Entwicklungsmöglichkeiten offenzuhalten, die in ihrer Entwicklung gesetzlich begründet sind."[30] Ihm wurde von Dertinger (CDU) widersprochen, der unter Berufung auf Stalins Verfassungsrede lediglich das inzwischen Erreichte registrieren und gesetzgeberisch verankern und damit den revolutionären

Prozeß in Richtung Demokratie und Sozialismus abstoppen wollte: „Es ist meines Erachtens die Aufgabe unserer Verfassung, nach dreijährigem Interim einen ruhigen Status zu schaffen und die Entwicklung auf ein solides Fundament zu stellen.“[31] Ihm entgegnete Otto Grotewohl: „Die Anwendung des Stalinschen Prinzips ... würde für uns bedeuten, einen Zustand festzulegen, den wir einfach nicht anerkennen dürfen und nicht anerkennen können.“[32] Diesen Standpunkt führte Polak weiter: „Wir werden also mit unserer Verfassung gewisse Prinzipien, die bei uns noch herrschend sind, negieren und andere Prinzipien, die noch nicht in gleicher Weise herrschend sind, weiter emporheben müssen. Deshalb dient sie auch, obwohl sie sozusagen von dem Gegebenen ausgeht, doch der politischen Entwicklung zur Demokratie, also einen dynamischen Prinzip. Sie soll etwas bringen, was noch nicht so vollendet da ist.“[33] Im Zentrum der antifaschistisch-demokratischen Verfassung stand das Prinzip der Volkssouveränität: darum „kann und darf die Berufung auf die bestehenden Zustände als die Grenze der Rechte und Freiheiten der Bürger und der Wirkungsmöglichkeiten des Volkes keinen Platz haben. Eine solche Berufung ist nichts anderes als die Verneinung des Rechts eines Volkes, die Verhältnisse nach seinem Willen und seinen Notwendigkeiten zu gestalten. ... Denn was heißt Volksherrschaft anderes als das Recht und die Macht des Volkes, sein Haus, in dem es lebt, so auszubauen, wie es seinen Interessen und Bedürfnissen, seinem Willen und Wünschen entspricht“.[34]

Einer sozialistischen Verfassung ist also die Kategorie eines sozialen und politischen Ziels immanent. Es programmatisch zu normieren, gehört genauso zu ihren wichtigen Aufgaben, wie die normativen Voraussetzungen für die Erreichung dieses Ziels zu schaffen. Mit anderen Worten: Eine sozialistische Verfassung will nicht ewige Normen mit einem immerwährenden Geltungsanspruch paragraphieren. Sie basiert vielmehr auf einer Gesellschaftsprognose, deren Erkenntnisse in Normen von Verfassungsrang transformiert sind. Maßstab dieser Normen sind immer die objektive Notwendigkeit der Gesellschaftsentwicklung und die Zweckmäßigkeit der zu ihrer Verwirklichung erforderlichen Maßnahmen.

In diesem Sinne sind sozialistische Verfassungen, indem sie gesellschaftliche Machtverhältnisse widerspiegeln, immer zugleich Anleitung zum progressiven geschichtlichen Handeln. Eine sozialistische Verfassung ist immer auch Maßstab für künftige Arbeit der Gesellschaft.[35] Wir rezipieren in dieser Sicht auch jene Feststellung Hegels in seiner Landständeschrift: „Eine Staatseinrichtung kann nicht nur bei der Forderung stehenbleiben, daß etwas geschehen solle, bei der Hoffnung, daß es geschehen werde, bei der Beschränkung einiger Umstände, welche es erschweren könnten – sie verdient jenen Namen nur, wenn sie die Anordnung ist, daß geschieht, was geschehen soll.“[36]

Zwischen sozialistischer Verfassung und Parteiprogramm besteht also ein wesentlicher innerer Zusammenhang. Die Verfassung ist gleichsam die normative Ausformung und Konkretisierung der im Parteiprogramm enthaltenen Grundsätze und Entwicklungslinien. Auch in diesem Zusammenhang ist es von Interesse, daß die Ausarbeitung der Verfassung der RSFSR von 1918 einherging mit der Ausarbeitung des Parteiprogramms der KPdSU und mit der beide befruchtenden Arbeit Lenins „Über die nächsten Aufgaben der Sowjetmacht“.

IV.

Hegels Staats- und Verfassungstheorie zeichnet sich nicht zuletzt dadurch aus, die für die bürgerliche Gesellschaft typische Trennung zwischen Staat und Gesellschaft realistisch gesehen zu haben. Als ideologischer Vertreter der Bourgeoisie und auf der Grundlage seines objektiv idealistischen Staatsdenkens war er außerstande, jenen Widerspruch zu lösen. Es war Karl Marx vorbehalten, die Notwendigkeit und den Weg zur Aufhebung jener Trennung erstmals zu begründen. Es kennzeichnet die historische Aufgabe des revolutionären Proletariats, Bedingungen zu schaffen, in denen der Mensch seine eigenen Kräfte als gesellschaftlich erkennt und organisiert und die gesellschaftliche Kraft nicht mehr in Gestalt der politischen Macht von sich trennt. Und Lenin sieht das Wesen des proletarischen Staates als kontinuierliche, zunehmende Aufhebung der Trennung von Staat und Gesellschaft, als Zurücknahme des Staates in die Gesellschaft. In diesem Sinne apostrophiert er den sozialistischen Staat im Gegensatz zum bürgerlichen Staat als einen Staat „nicht mehr im eigentlichen Sinne des Wortes".[37] Dieser Gedanke bestimmt auch Lenins Sowjettheorie, in der die Sowjets als Einheit von oberster Machtorganisation und umfassendster Massenorganisation bestimmt werden. Der gleiche Gedanke liegt dem Marxschen Begriff von der sozialistischen Volksvertretung als „arbeitende Körperschaft" zugrunde, den er in Auswertung der Pariser Kommune fixierte.

Die gesetzmäßige Aufhebung der Trennung von Staat und Gesellschaft, die mit der Errichtung der Diktatur des Proletariats einsetzt, kennzeichnet das Wesen sozialistischer Verfassungen. Sozialistische Verfassungen sind – und auch das macht ihren Gegensatz zu bürgerlichen Verfassungen aus – niemals nur „ein System rechtstechnischer Kunstgriffe",[38] sie sind vielmehr verfassungsrechtliche Gestaltung des politischen und gesellschaftlichen Lebens. Während bürgerliche Verfassungen sich weitgehend auf die äußerliche Regelung des staatlichen Machtmechanismus beschränken, werden sozialistische Verfassungen immer mehr zu Grundgesetzen der politischen Organisation der sozialistischen Gesellschaft. Die UdSSR-Verfassung vom 7. Oktober 1977 dokumentiert das in besonders einprägsamer Weise.

Dieses Wesen proletarischer Verfassungen wird übrigens schon keimhaft sichtbar in den utopischen verfassungsrechtlichen Äußerungen einzelner Vertreter der sich eben erst zur Klasse „an sich" formierenden Proletarier. So etwa in der „Unverletzlichen Verfassung des allgemeinen Glücks", die Franz-Joseph Lange (Francois-Joseph L'Ange) 1793 in Lyon vorlegte.[39] Oder wenn der utopische Kommunist Babeuf 1791 schreibt: „Die Verfassung muß ein nationales Allgemeingut sein, in welchem das Volk sowohl geistige als auch leibliche Nahrung findet. In ihr müssen die Bedingungen des intellektuellen und des gesamten materiellen Lebens nicht nur klar ausgesprochen, nicht nur genauso fest umrissen sein, sondern sie müssen auch noch dadurch garantiert werden, daß alle Hilfsquellen, die sich dank einer wissenschaftlich begründeten Arbeitsorganisation und dank der klug gelenkten Arbeitsleitung aller Staatsbürger ständig und unbegrenzt vermehren, in gemeinsames Eigentum überführt werden." Eine so verstandene Verfassung als „Rechtsgrundlage aller Lebensäußerungen" wird, indem sie „Brot für alle und geistige Nahrung für alle bietet ... Fundament und Gewölbeschlußstein des Staatsgebäudes" darstellen.[40]

Der hohe gesellschaftliche Rang, den sozialistische Verfassungen als verbindliche Normierung des politischen und gesellschaftlichen Lebens im Sozialismus beanspruchen müssen, sollte dazu veranlassen, die in unserer verfassungrechtlichen und verfassungstheoretischen Literatur noch immer anzutreffenden Unterscheidungen zwischen tatsächlicher, faktischer Verfassung und Verfassungsrecht, zwischen realer und formaler Verfassung, zwischen Verfassungsurkunde und realen Machtverhältnissen als tatsächlicher

Verfassung zu überprüfen. Im Lehrbuch „Staatsrecht der DDR" ist z. B. zu lesen: Vom Begriff „der ‚Verfassung im juristischen Sinne' muß man den Begriff der ‚Verfassung im tatsächlichen Sinne' unterscheiden. Als Verfassung im tatsächlichen Sinne bezeichnen wir den wirklichen Zustand eines Gesellschaftssystems, die realen Machtverhältnisse in einem Staat, die Verteilung des politischen Gewichts und Einflusses zwischen den verschiedenen Klassen und Schichten, die Klassenfunktion der staatlichen Organe und Einrichtungen sowie die reale Stellung des Bürgers im Staat".[41] Diese Position geht nicht auf Marx, Engels und Lenin zurück, sondern auf Lassalle. Mit ihr hatte Lassalle in mechanisch-materialistischer Weise den Vorrang der sogenannten realen Verfassung (der tatsächlichen Machtverhältnisse) gegenüber der juristischen Verfassung (dem „Blatt Papier") im preußischen Verfassungskonflikt von 1962 begründet und damit dem Verfassungsbruch Bismarcks in die Hände gearbeitet.[42] Derartige Unterscheidungen erwiesen sich noch immer als ideologische Vorbereitung des Verfassungsbruchs antidemokratischer Kräfte. Zu Recht kann Ridder für die BRD-Wirklichkeit hervorheben, daß derartige Unterscheidungen in der BRD „zur Beschleunigung und Verstärkung entdemokratisierender Tendenzen beigetragen" haben: daß auf diese Weise in der öffentlichen Meinungsbildung „die Aufgabe der Verfassungsverwirklichung betrieben wird". Damit ist der Vorrang demokratischer Verfassungsnormen, ihre Verbindlichkeit angezapft. „Es entsteht ein manipulationsfähiges ‚Spannungsverhältnis', wobei unterdrückt wird, daß die verfassungsmäßigen Verfassungswirklichkeiten ja gar keine Spannung schaffen können, mithin im Rahmen dieser Gegenüberstellung ‚Verfassungswirklichkeit' nur die Verfassungsrechtswidrigkeit ist."[43]

In der erklärten und praktizierten Verfassungsfeindlichkeit der Nazifaschisten – gleichsam als Kulminationspunkt der faschistischen Zersetzung jeder Gesetzlichkeit – und ihrer staatstheoretischen Parteigänger ist diese Position extrem ausgeformt. So polemisiert etwa Carl Schmitt gegen eine Verfassung als Normensystem und strebt demgegenüber an, den gesetzlosen und gesetzwidrigen Ausnahmezustand selbst zur Normalität zu machen. Erscheint es daher nicht als BRD-Rezeption Carl Schmitts, wenn mit der Notstandsverfassung versucht wurde, den Ausnahmezustand im Bonner Grundgesetz verfassungsmäßig zu machen? In seiner „Verfassungslehre" hat Carl Schmitt die Abdankung der Verfassung als Normensystem gegenüber der außerhalb der Verfassung existierenden politischen Macht auf den Begriff gebracht: „Jedes Gesetz als normative Regelung, auch das Verfassungsgesetz, bedarf zu seiner Gültigkeit im letzten Grund einer ihm vorhergehenden politischen Entscheidung, die von einer politisch existierenden Macht oder Autorität getroffen wird. Jede existierende politische Einheit hat ihren Wert und ihre Existenzberechtigung nicht in der Richtigkeit oder Brauchbarkeit von Normen, sondern in ihrer Existenz. Was als politische Größe existiert, ist, juristisch betrachtet, wert, daß es existiert."[44]

Und bei Herbert Krüger liest sich das gleiche 1935 so: Ein Verfassungsrecht ist abzulehnen, weil dadurch „der Führer um seine Unbestimmtheit und Unbestimmbarkeit gebracht, d. h. seiner Persönlichkeit beraubt wird". Es komme aber gerade darauf an, zu sichern, „daß der Führer das Kernstück der neuen Verfassung, der Verfassung in Bewegung bleibt, die Mitte, von der aus die Bewegung immer wieder nach allen Richtungen vorwärtsgetragen wird".[45] Das war verfassungstheoretische Rechtfertigung der grenzenlosen Willkür, der Zerstörung jeder Verfassung, des faschistischen Terrors.

Wenn wir Ridder somit gegen Carl Schmitt und Herbert Krüger und deren „moderne" Nachfahren in der ideologisch-theoretischen Vorbereitung imperialistischen Verfassungsbruchs beipflichten, so teilen wir doch keineswegs seine verfassungstheoretischen, weil letztlich positivistischen Ausgangsthesen, die Verfassungen im wesentlichen rein normativ, außerhalb der historischen Dialektik, als in sich selbst ruhendes Rechtssystem zu sehen. Marxistisch-leninistische Verfassungstheorie sieht die Verfassung immer in ihrer Beziehung zur gesellschaftlichen und politischen Wirklichkeit und deren Gesetzmäßigkeiten und es bedarf keiner besonderen Betonung, daß im Sinne der Grundfrage der Philosophie den letztlich materiell bestimmten objektiven Gesetzen der Gesellschaftsentwicklung das Primat gegenüber der Verfassung als eines vom Staat gesetzten Normensystems zukommt. Dieses materialistisch-dialektische Grundprinzip kann aber keinesfalls dahin mißverstanden werden, als habe daher die sozialistische Verfassung eine politisch untergeordnete Bedeutung.

Die sozialistische Verfassung, die die Grundstruktur der politischen Organisation der sozialistischen Gesellschaft regelt und sich auf das Gesamtsystem der sozialistischen Gesellschaft bezieht, erfüllt wichtige Steuerungsfunktionen für das Wirken und die Entwicklung der sozialistischen Gesellschaft. Sie trägt dazu bei, die Zusammenarbeit aller politisch-gesellschaftlichen Kräfte im Sozialismus zu gewährleisten. In der entwickelten sozialistischen Gesellschaft wächst die Bedeutung der Organisation, der bewußten Formung und Stabilisierung. In dem Maße, wie die Gesellschaft im Sozialismus den objektiven Gesetzen ihrer Entwicklung immer mehr auf die Spur kommt, nimmt der dauerhaft schematisierbare Bereich gesellschaftlicher Beziehungen zu. Die sozialistische Verfassung trägt wesentlich zur Organisation, Stabilisierung und planmäßigen dynamischen Entfaltung dieser gesellschaftlichen Beziehungen bei. Es besteht daher Veranlassung, alles zu tun, Notwendigkeit und Wert sozialistischer Verfassungen und verfassungsmäßigen politischen Handelns zu betonen, auch durch Eindeutigkeit hinsichtlich des Begriffs Verfassung.

Anmerkungen

1 ND vom 6. Juni 1977, S. 3.
2 ND vom 6. Oktober 1977, S. 3.
3 Marx/Engels, Ausgewählte Briefe, Berlin 1953, S. 502.
4 Robespierre, Habt ihr eine Revolution ohne Revolution gewollt? Leipzig 1958, S. 31.
5 Lenin, Werke, Band 9, Berlin 1957, S. 465.
6 Vgl. Marx/Engels, Werke, Band 7, Berlin 1960, S. 41 ff.; Band 16, S. 394; Band 37, S. 463; Lenin, Werke, Band 15, Berlin 1962, S. 334 ff.
7 Vgl. Lassalle, Über Verfassungswesen, Berlin 1923.
8 Polak, Marxismus und Staatslehre, Berlin 1947, S. 11; ausführlich Klenner, Karl Marx und Friedrich Engels gegen Lassalles Verfassungstheorie und Realitätspolitik, Staat und Recht, 1953, S. 223 ff.
9 Vgl. Marx/Engels, Werke, Band 16, Berlin 1962, S. 37 ff.
10 Hegel, Politische Schriften, Berlin 1970, S. 167.
11 Ebenda S. 168.
12 Ebenda S. 6.
13 Ebenda S. 7.
14 Ebenda S. 43.
15 Ebenda S. 190.
16 Ebenda S. 130.
17 Robespierre, a. a. O., S. 245.
18 Hegel, Grundlinien der Philosophie des Rechts, Berlin 1956, S. 239 f.
19 Lenin, Werke, Band 9, a. a. O., S. 463.

20 Marx/Engels, Werke, Band 7, a. a. O., S. 41.
21 Marx/Engels, Werke, Band 1, Berlin 1958, S. 370.
22 Polak, Reden und Aufsätze, Berlin 1968, S. 625.
23 Marx/Engels, Werke, Band 1, a. a. O., S. 259.
24 Hegel, Politische Schriften, a. a. O., S. 146, 147.
25 Kriele, Staatslehre, Hamburg 1975, S. 112.
26 Ebenda S. 118.
27 Stalin, Über die Verfassung, Berlin 1950, S. 21 f.
28 So Löwenstein, Über Wesen, Technik und Grenzen der Verfassungsänderung, Berlin 1961, S. 14.
29 Grotewohl, Deutsche Verfassungspläne, Berlin 1947, S. 13.
30 Protokoll des Verfassungsausschusses, Archiv der Volkskammer, Akte 149, Blatt 53.
31 Ebenda, Akte 153, Blatt 56.
32 Ebenda, Blatt 58.
33 Ebenda, Blatt 60.
34 Polak, Volk und Verfassung, Berlin 1949, S. 42.
35 Vgl. Marx/Engels, Werke, Band 5, Berlin 1959, S. 14.
36 Hegel, Politische Schriften, a. a. O., S. 148.
37 Lenin, Werke, Band 25, Berlin 1960, S. 453 f.
38 Forsthoff, Zur Problematik der Verfassungsauslegung, Stuttgart 1961, S. 22.
39 Höppner/Seidel-Höppner, Von Babeuf bis Blanqui, Berlin 1975, Band 2, S. 22.
40 Babeuf, Ausgewählte Schriften, Berlin 1956, S. 71 f.
41 Staatsrecht der DDR, Lehrbuch, Berlin 1977, S. 52 f.
42 Vgl. im einzelnen Klenner, a. a. O.
43 Ridder, Die soziale Ordnung des Grundgesetzes, Opladen 1975, S. 24.
44 Carl Schmitt, Verfassungslehre, München-Leipzig 1928, S. 22.
45 H. Krüger, Führer und Führung, 1935, S. 13, 47.

Eberhard Poppe

Einige staatstheoretische Aspekte der neuen sowjetischen Verfassung vom 7. Oktober 1977

Leonid Breshnew hat die Notwendigkeit der 4. Verfassung der UdSSR im Zusammenhang mit ihrem Entwurf ausführlich begründet.[1] Diese Begründung zeigt, daß die neue Verfassung vor allem notwendig wurde

- wegen der tiefen Veränderungen in der Sowjetunion und -gesellschaft in den letzten vier Jahrzehnten seit dem Inkrafttreten der Verfassung von 1936;
- wegen der starken Veränderung der internationalen Stellung der Sowjetunion und des ganzen gesellschaftspolitischen Antlitzes der Welt.

Es hat in diesen 40 Jahren sozialistischer Entwicklung der Sowjetunion – in einem gewissen weitgefaßten Sinne – eine Veränderung des Klassenkräfteverhältnisses stattgefunden. Nicht in dem zu vereinfachten Sinne einer völlig neuen, qualitativ gänzlich anderen machtpolitischen Konstellation, wie sie nach Revolutionen oder auch Konterrevolutionen eintreten. Nirgends sprechen die Klassiker davon, daß Verfassungen nur zu solchen Anlässen entstehen, sondern – wie Marx konstatierte – wenn der gesellschaftliche Umwälzungsprozeß an einem Ruhepunkt angelangt war.[2] In der Sowjetunion wurde in 60 Jahren die entwickelte, reife sozialistische Gesellschaft aufgebaut, die Zielsetzungen der Verfassung von 1936 wurden erfüllt, es sind politische und ökonomische Veränderungen eingetreten und es ergeben sich daraus weitreichende Konsequenzen für die künftige gesellschaftliche Entwicklung. Nur eine neue Verfassung kann diesen großen gesellschaftlichen Entwicklungsprozeß bilanzieren, seine Erfolge und Errungenschaften verankern und auf die künftigen Aufgaben gezielt und differenziert genug orientieren. Da die Notwendigkeit einer neuen sozialistischen Verfassung objektiven Voraussetzungen folgt, versteht es sich von selbst, daß der Zeitpunkt davon bestimmt ist. Das Zusammentreffen mit dem 60. Jahr der Existenz der Sowjetunion ist insofern markant und einprägsam, als es besonders nachhaltig die gewaltige Dynamik gesellschaftlicher Veränderung und Entwicklung des Sozialismus in historisch kurzer Zeit deutlich macht. Wenn im weiteren einige inhaltliche Aspekte dieser neuen Verfassung dargelegt werden, so kann das weder vollständig noch im Sinne einer gültigen Kommentierung geschehen.

Auswahlkriterium für solche staatstheoretischen Aspekte ist vielmehr, daß sich unsere Gesellschaften nach gleichen objektiven Gesetzmäßigkeiten, auf gleichen politischen und ökonomischen Grundlagen, unter Führung gleichgestimmter marxistisch-leninistischer Parteien entwickeln und es sich für uns seit mehr als 30 Jahren als großer Gewinn erwiesen hat, vom höheren Erkenntnis- und Erfahrungsschatz sowjetischer Theorie und Praxis zu lernen.

Dazu sollten wir uns im Geiste des sozialistischen Internationalismus um so mehr verpflichtet fühlen, weil Leonid Breshnew seinerseits ausdrücklich sowohl bei der Begründung des Entwurfs als auch der endgültigen Verfassung darauf verwiesen hat, wie eine Reihe von Bestimmungen der Verfassungen Bulgariens, der DDR, Kubas und einiger anderer Länder des Sozialismus mit Interesse berücksichtigt werden und damit auf den wechselseitigen Erfahrungsaustausch und Lernprozeß zum beiderseitigen Nutzen aufmerksam machte.

Natürlich verbieten sich aus unterschiedlicher Geschichte und Tradition, unterschiedlichen Entwicklungsgang und -stand, aus Unterschieden im Staatsaufbau und in der nationalen Struktur schematische Vergleiche und mechanisches Kopieren. Jede sozialistische Gesellschafts- und Staatsordnung hat unter Führung der Partei ihren revolutionären Weg zum Kommunismus zu gestalten. Aber die allen eigenen prinzipiellen Gemeinsamkeiten sind so groß, daß aus dieser neuen Verfassung der UdSSR auch Lehren und Perspektiven für die weitere gesellschaftliche Entwicklung der DDR ableitbar sind. In diesem Zusammenhang ist es erwähnenswert, daß diese Verfassung die erste Verfassung der Welt ist, deren Regelungsgegenstand die entwickelte sozialistische Gesellschaft und der Übergang zum Aufbau des Kommunismus sind. Es ist eine sozialistische Verfassung, die auf den Kommunismus orientiert, und zwar in der Dialektik, die Leonid Breshnew präzise bei der Begründung der Verfassung herausgearbeitet hat: „... die Etappe der reifen, entwickelten sozialistischen Gesellschaft zeigt sich als notwendiges Kettenglied der sozialen Umgestaltungen, als verhältnismäßig lange Entwicklungsphase auf dem Wege vom Kapitalismus zum Kommunismus. Dabei ist die Erkenntnis und Ausnutzung aller Möglichkeiten des entwickelten Sozialismus gleichzeitig auch der Übergang zum Aufbau des Kommunismus. Die Zukunft liegt nicht außerhalb des Bereiches der Gegenwart, sie liegt in ihrem Schoße. Und wenn wir die Aufgaben des sozialistischen Heute lösen, treten wir Schritt für Schritt in das kommunistische Morgen ein.“[3]

1. Ein bemerkenswerter Aspekt der neuen Verfassung ist, daß die politisch-moralische Einheit, die entstandene Homogenität der Sowjetgesellschaft, des Sowjetvolkes in sehr betonter Weise hervorgehoben wird.

Es geschieht das durchgängig in der Verfassung, als Beispiele seien hier nur angeführt:

- Die Präambel betont, daß auf der Grundlage der Annäherung aller Klassen und sozialen Schichten, der juristischen und tatsächlichen Gleichheit aller Nationen und Völkerschaften und deren brüderlicher Zusammenarbeit eine neue historische Gemeinschaft von Menschen – das Sowjetvolk – entstanden ist.“
- In der Präambel und sinngemäß auch im Artikel 6 wird die Kommunistische Partei der Sowjetunion als Avantgarde des ganzen Volkes charakterisiert.
- Im 1. Kapitel der Verfassung wird die UdSSR als sozialistischer Staat des ganzen Volkes (Artikel 1) ausgewiesen, die politische Grundlage sind die Sowjets der Volksdeputierten (Artikel 2).
- Schließlich sei auch hervorgehoben, daß in den Regelungen zum politischen System eine sehr umfängliche Aussage zu den Arbeitskollektiven getroffen wurde (Artikel 8), so daß sie Breshnew als die Grundzelle unseres gesamten Organismus, nicht nur des wirtschaftlichen, sondern auch des politischen bezeichnete.[4]

Es könnten weitere Belegstellen angeführt werden. Die hier zitierten sind aussagefähig genug, um deutlich zu machen, daß die Verfassung – als Bilanz und Programm verstanden – alle politische Kraft und Bewußtheit auf die weitere Homogenisierung des Volkes, die weitere Überwindung der sozialen und klassenmäßigen Unterschiede orientiert, die Errichtung der klassenlosen kommunistischen Gesellschaft für die nähere Zukunft bestimmt. Es ist damit nicht gesagt, daß in der UdSSR Klassen und Klassenunterschiede schon nicht mehr vorhanden sind. Ihre Existenz ist unbestreitbar und wird nicht zuletzt auch an der verfassungsmäßigen Regelung der beiden großen sozialistischen Eigentumsformen, dem Staatseigentum (Artikel 11) und dem Eigentum der Kollektivwirtschaften (Artikel 12) deutlich.

Unverkennbar und – wie mir scheint – auch gewollt ist, daß die Verfassung nur noch in der Präambel (und dort im Sinne einer historischen Kategorie) ausdrücklich von der Arbeiterklasse spricht, hingegen in den einzelnen Artikeln von Arbeitern, Bauern und Intelligenz, ohne den zweifelsohne noch vorhandenen Klassencharakter hervorzuheben (s. z. B. in den Artikel 1 und 19). Bei der gleichzeitigen starken Betonung des Sowjetvolkes als neue historische Gemeinschaft von Menschen und der Arbeitskollektive als Grundzelle des politischen Organismus (also keineswegs auf Kollektive in der Industrie begrenzt), erlaubt das den Schluß, daß die Verfassung damit die Orientierung gibt, das Ziel stellt und den Auftrag erteilt, unter Führung der Partei konsequent für die Überwindung der Klassenunterschiede, für die Errichtung der klassenlosen Gesellschaft zu wirken. So betont auch Artikel 6: „Die KPdSU ist für das Volk da und dient dem Volk."

2. Vorbereitet schon durch den 24. Parteitag und das Parteiprogramm der KPdSU findet die Charakterisierung der UdSSR als „ein sozialistischer Staat des ganzen Volkes, der den Willen und die Interessen der Arbeiter, der Bauern und der Intelligenz, der Werktätigen aller Nationen und Völkerschaften des Landes zum Ausdruck bringt" nicht nur im Artikel 1 ihre Verankerung, sondern prägt die gesamte Verfassung. Ein folgerichtiger Schritt, weil so aus der erreichten Homogenität der Sowjetgesellschaft und des Sowjetvolkes die Konsequenz gezogen wird. Der Staat, das Hauptinstrument zur Leitung der Gesellschaft, wird damit nicht auf ein klassenindifferentes Wirken orientiert, sondern auf eine solche sozial determinierte Politik und Tätigkeit, die der künftigen Verschmelzung aller Klassen und Schichten, aller Nationen und Völkerschaften in der neuen historischen Gemeinschaft von Menschen, im Sowjetvolk dient.

In den letzten Jahren hat sich in dieser Frage ein Klärungsprozeß vollzogen.

Heute seien nur drei Aspekte von staatstheoretischer Relevanz zum Staat des ganzen Volkes dargelegt.

Erstens:

Die neue sowjetische Verfassung gibt in der Präambel eine sehr konzentrierte Analyse der Merkmale der entwickelten sozialistischen Gesellschaft als gesetzmäßige Etappe auf dem Wege zum Kommunismus. Breshnew stellte bei der Begründung des Entwurfes dazu fest: „Mit dem Aufbau des reifen Sozialismus, mit dem Übergang aller Bevölkerungsschichten auf die politisch-ideologischen Positionen der Arbeiterklasse ist auch unser Staat, der als Diktatur des Proletariats entstanden war, zum Staat des ganzen Volkes geworden."[5] Die Merkmale der entwickelten Gesellschaft sind in der Präambel nachlesbar, deshalb sei hier nur soviel gesagt: Der Übergang von der einen in die andere sozialistische Staatsform kann nur als ein dialektischer Reifeprozeß der ganzen Gesellschaft, aller ihrer wesentlichen politisch-ideologischen, ökonomischen, sozialen und kulturellen Erscheinungen und Potenzen verstanden werden.

Die Feststellung in der Verfassung hat hier eindeutig deklaratorische nicht konstitutive Funktion und selbstverständlich bewußtseinsprägende für die Zukunft.

Zweitens:

Die Verfassung macht in allen Regelungen deutlich, daß die Diktatur des Proletariats und der Staat des ganzen Volkes zwei aufeinanderfolgende Formen des gleichen Staatstyps sind, die Kontinuität des Übergangs ebenso unverzichtbar sind wie beide prägende Gemeinsamkeiten. Zutreffend stellte W. Weichelt fest: „Der sozialistische Staat des ganzen Volkes ist jene höhere Entwicklungsstufe des sozialistischen Staates, die er gesetzmäßig erreicht, wenn er erfolgreich alle Aufgaben der Diktatur des Proletariats erfüllt, die entwickelte sozialistische Gesellschaft errichtet und damit zugleich ein entsprechend hohes Niveau der politisch-moralischen Einheit des Volkes, der Organisiertheit und des sozialistischen gesellschaftlichen Verantwortungsbewußtseins der werktätigen Massen geschaffen hat, das sich in dieser Einheit verkörpert."[6]

Zu den Gemeinsamkeiten beider Staatsformen sind auch gemäß den Regelungen in der neuen Verfassung zu zählen:

- die politische Machtausübung durch das werktätige Volk unter Führung der Arbeiterklasse und ihrer marxistisch-leninistischen Partei;
- das sozialistische gesellschaftliche Eigentum an den Produktionsmitteln und die davon geprägte Leistung der Wirtschaft auf der Grundlage staatlicher Pläne;
- die Entfaltung der sozialistischen Demokratie auf der Grundlage des demokratischen Zentralismus und einer allseitigen Entfaltung der Persönlichkeit, ihrer Rechte und Freiheiten und ihrer gesellschaftlichen Verantwortung;
- die umfassende Entwicklung des Sozialwesens, der Kultur, Bildung und Wissenschaft;
- der zuverlässige Schutz der sozialistischen Errungenschaften des Volkes.

Drittens:

Die neue Verfassung fixiert die neuen, dem Staat des ganzen Volkes eigenen Aufgaben, wobei auch hier Kontinuität und Entwicklung unzertrennlich sind. Es heißt in der Präambel:

„Hauptaufgaben des sozialistischen Staates des ganzen Volkes sind es, die materiell-technische Basis des Kommunismus zu schaffen, die sozialistischen gesellschaftlichen Beziehungen zu vervollkommnen und in kommunistische umzugestalten, den Menschen der kommunistischen Gesellschaft zu erziehen, das materielle und kulturelle Lebensniveau der Werktätigen zu erhöhen, die Sicherheit des Landes zu gewährleisten und zur Festigung des Friedens sowie zur Entwicklung der internationalen Zusammenarbeit beizutragen." Artikel 9 kennzeichnet als Hauptrichtung der Entwicklung des politischen Systems der sowjetischen Gesellschaft die weitere Entfaltung der sozialistischen Demokratie.

Ich habe diese drei Aspekte zum sozialistischen Staat des ganzen Volkes hier umrissen, weil mir daraus auch ein Schluß zulässig erscheint, den wir in unserer gesellschaftlichen Entwicklung und staatstheoretischen Diskussion beachten sollten.

Für die DDR läßt sich der Staat des ganzen Volkes nicht herbeispekulieren, sondern prägt sich unter dem Wirken und dem Schutz der Diktatur des Proletariats aus. In Abhängigkeit von innen- und außenpolitischen Komponenten ist es Aufgabe der Partei- und Staatsführung, diesen Übergang von der einen in die andere Form zu konstatieren. An der Wissenschaft ist es allerdings, vorausschauend vergleichende und analytische Vorbereitungsarbeiten zu leisten.

3. Die neue Verfassung macht nicht nur mit dem schon erwähnten Artikel 9 deutlich, daß die Hauptrichtung der Entwicklung des politischen Systems der sowjetischen Gesellschaft die weitere Entfaltung der sozialistischen Demokratie ist. Es ist auch dies ein Wesensmerkmal ihrer Neuregelung, das hier nur an einigen wenigen Evidenzen belegt werden kann:

- Dazu gehört ohne Zweifel die Orientierung maßgeblicher Indikatoren der weiteren

Entfaltung der sozialistischen Demokratie, nämlich der Partei, des Staates, der Sowjets und der Volksdeputierten auf die Verstärkung der sozialen Homogenität der Gesellschaft (s. z. B. auch Artikel 1, 2, 6 und 19) und dazu gehört auch die Betonung und sehr ausführlich geregelte Funktion der Arbeitskollektive, wie die im Kapitel über das politische System dargestellte Rolle der Gewerkschaften, des Komsomol, der genossenschaftlichen und anderen gesellschaftlichen Organisatoren (Artikel 7), bis hin zum Recht der Gesetzesinitiative (Artikel 123).

– Die neue Dimension sowjetischer sozialistischer Demokratie wird aber auch daran deutlich, daß die neue Verfassung erstmalig in Einheit mit dem politischen und Wirtschaftssystem sehr ausführlich und pointiert die soziale Entwicklung und Kultur in einem eigenständigen Kapitel im Abschnitt über die Grundlagen der Gesellschaftsordnung und der Politik der UdSSR regelt.

Natürlich waren diese Bereiche bisher schon Wirkungsfelder sozialistischer Demokratie, Art und Inhalt der Neuregelung machen aber deutlich, daß die Demokratieentwicklung im politischen, wirtschaftlichen und sozial-kulturellen Bereich untrennbar verbunden ist und sich gegenseitig bedingt. Die Verfassung zeigt anschaulich, daß sozialistische Demokratie Machtausübung und Machtgestaltung tagtäglich und umfassend in allen gesellschaftlichen Bereichen ist bis hin zu solchen Konsequenzen, daß der Staat den Zuwachs und die gerechte Verteilung der gesellschaftlichen Konsumtionsfonds „unter umfassender Mitwirkung der gesellschaftlichen Organisationen und Arbeitskollektive" (Artikel 23) zu sichern hat.

Gleichzeitig wird durch diese einheitliche und umfassende Regelung die Qualität des sozialistischen Staates des ganzen Volkes als politische, ökonomische und sozial-kulturelle Organisation unterstrichen, die Sowjets der Volksdeputierten sind zusammen mit den Bürgern die kollektiven Organisatoren der sozialistischen Demokratie in allen diesen Bereichen, sie sind Massenorganisationen der Demokratie im Sinne Lenins.

– Die weitere Entfaltung der sozialistischen Demokratie verdeutlicht die neue Verfassung auch durch eine prinzipielle Neuregelung des Verhältnisses von Staat und Persönlichkeit. Dazu wird noch gesondert gesprochen, deshalb sei in diesem Kontext nur gesagt, daß die dort geregelte Stellung des Bürgers, seiner Freiheiten, Rechte und Pflichten von dem Grundsatz einer umfassenden und wachsenden Mitwirkung und Verantwortung in der sozialistischen Gesellschaft und Demokratie geprägt sind.

– Schließlich sei hier angemerkt, daß das Entstehen dieser Verfassung selbst als Symptom für den weiteren Entwicklungsprozeß der sozialistischen Demokratie auf dem Wege zum Kommunismus zu werten ist. 140 Millionen Menschen, also vier Fünftel der erwachsenen Sowjetbürger, nahmen an der Diskussion teil, 400 000 Abänderungsvorschläge sind der Kommission zugegangen, 110 Artikel des Entwurfes wurden abgeändert, der Artikel über die Arbeitskollektive neu eingefügt. Die Erörterung des Entwurfes geschah sehr freimütig mit einem großen Spektrum von Meinungsäußerungen, die durch die Massenmedien vielfältig reflektiert wurden. Mit Recht konnte Leonid Breshnew vor dem Obersten Sowjet sagen: „Das ganze Sowjetvolk ist in der Tat zum wahren Schöpfer des Grundgesetzes seines Staates geworden."[7] Gleichzeitig sind es zahlreiche Einzelbestimmungen, die die weitere Entwicklung der sozialistischen Demokratie fördern werden, so z. B. die Möglichkeit der Volksdiskussion und -abstimmung wichtigster Fragen des staatlichen Lebens (Artikel 5), der hohe Stellenwert den die Öffentlichkeit und öffentliche Meinung in der Verfassung finden (Artikel 9), das gerichtliche Einspruchsrecht der Bürger gegen „Handlungen von Funktionären, die gegen Gesetze verstoßen, ihre Vollmachten überschreiten und die Rechte der Bürger schmälern" (Artikel 58) und die erstmalig in der Verfassung geregelte Staatshaftung (Artikel 58).

4. Die neue Verfassung orientiert auf die weitere Entfaltung der Persönlichkeit in sehr ausgeprägter Weise. Das machen allein schon Platz und Umfang der Regelungen zum Themenkreis „Staat und Persönlichkeit" deutlich. In der Verfassung von 1936 wurden diese Fragen im X. der insgesamt 13 Kapitel in 16 Artikeln geregelt. Die neue Verfassung widmet der gleichen Materie den gesamten II. Abschnitt mit insgesamt 36 Artikeln (in den Kapiteln 6 und 7). Die dort verankerten Freiheiten und Rechte, aber auch die klare Darlegung der Verantwortung und Pflichten der Sowjetbürger lassen erkennen, daß die neue Verfassung hier einen Ansatz schafft, um die künftigen kommunistischen Gewohnheitsregeln im Zusammenleben der Sowjetbürger auszuprägen, Maximen eines bewußten und freiwilligen Verhaltens für die gemeinschaftliche Gesellschaftsgestaltung zum Wohle des Individuums im Kommunismus zu schaffen. So ist der reale Humanismus ein typisches Merkmal der Verfassung.

Die gesamte Verfassung orientiert auf den Menschen, die Entfaltung seiner Persönlichkeit und Freiheit, seiner Würde, seiner Interessen und seines Wohls. In dieser Grundfrage treffen schon die Präambel und der 1. Abschnitt die prinzipiellen Aussagen zum erreichten Stand und zur weiteren Entwicklung. Aus der Fülle dieser auf den Menschen bezogenen Regelungen seien hier hervorgehoben:

– Die in der UdSSR aufgebaute entwickelte sozialistische Gesellschaft sichert „eine immer aktivere Mitwirkung der Werktätigen am staatlichen Leben, die Verbindung der realen Rechte und Freiheiten der Bürger mit deren staatsbürgerlichen Pflichten und Verantwortung" (Präambel).

– Hauptaufgabe des Staates sind „... den Menschen der kommunistischen Gesellschaft zu erziehen, das materielle und kulturelle Lebensniveau der Werktätigen zu erhöhen ..." (Präambel).

– Der Sowjetstaat und alle seine Organe „... gewährleisten den Schutz der Rechtsordnung, der Interessen der Gesellschaft und der Rechte und Freiheiten der Bürger" (Artikel 4).

– „Die Quelle des Wachstums des gesellschaftlichen Reichtums, des Wohlstands des Volkes und jedes Sowjetmenschen ist die von Ausbeutung freie Arbeit der Sowjetmenschen.

Die gesellschaftlich nützliche Arbeit und ihre Ergebnisse bestimmen die Stellung des Menschen in der Gesellschaft" (Artikel 13).

– Im Interesse der heutigen und kommenden Generationen werden in der UdSSR die erforderlichen Maßnahmen „... zur Verbesserung der Umwelt des Menschen getroffen" (Artikel 18).

– Die Beziehungen der UdSSR zu anderen Staaten beruhen „... auf der Achtung der Rechte des Menschen und der Grundfreiheiten ..." (Artikel 29).

Die hier exemplarisch zitierten Feststellungen und Orientierungen zum Menschen, der weiteren Entfaltung seiner Freiheit und Persönlichkeit, finden im 2. Abschnitt ihre Konkretisierung und Ausgestaltung.

Ausgehend von der Gleichberechtigung aller Bürger und ihrer Gleichheit vor dem Gesetz regelt die Verfassung die Grundrechte, Grundfreiheiten und Grundpflichten, die maßgeblich sind für die prinzipielle Stellung des Sowjetbürgers in Gesellschaft und Staat und seine kommunistische Persönlichkeitsentfaltung und Lebensgestaltung.

Für diese Grundrechte und Grundfreiheiten ist kennzeichnend, daß sie die siegreiche sozialistische Entwicklung reflektieren und inhaltlich wesentliche Anreicherungen erfahren haben.

Das wird nahezu bei jedem Recht und jeder Freiheit deutlich. Sie wurden nicht nur in ihrer Substanz wesentlich erweitert. Es ist auch bemerkenswert, daß der Sicherung (Garantierung) der Rechte und Freiheiten der Bürger sehr spezifische Aufmerksamkeit geschenkt wurde. Als Beispiel für die Erweiterung des Rechts selbst und seiner Sicherung sei das Recht auf Arbeit angeführt: Die Bürger der UdSSR haben das Recht auf Arbeit, das heißt das Recht auf garantierte Beschäftigung mit Entlohnung nach Quantität und Qualität, und zwar nicht unter dem vom Staat festgelegten Mindestmaß einschließlich des Rechts auf die Wahl des Berufs, der Art der Beschäftigung und einer Arbeit entsprechend ihrer Meinung, ihren Fähigkeiten, ihrer Berufsausbildung und ihrem Bildungsstand sowie unter Berücksichtigung der gesellschaftlichen Erfordernisse. Dieses Recht wird durch das sozialistische Wirtschaftssystem gesichert, durch das stetige Wachstum der Produktivkräfte der Gesellschaft, durch die unentgeltliche Berufsausbildung, durch die Erhöhung der beruflichen Qualifikation und durch die Ausbildung in neuen Berufen sowie durch den Ausbau von Systemen der Berufslenkung und der Eingliederung in das Berufsleben." (Artikel 40)

Gleichzeitig regelt die Verfassung neue gesicherte Rechte und Freiheiten, wie z. B. das Recht auf Nutzung der Errungenschaften der Kultur (Artikel 46), die Freiheit des wissenschaftlichen, technischen und künstlerischen Schaffens (Artikel 47).

Das verdient auch deshalb Hervorhebung, weil die Verfassung ohnehin eine große Zahl sozialökonomischer Rechte und Freiheiten verbürgt, auf die bürgerliche Verfassungen bis heute verzichten, wie z. B. das Recht auf Arbeit, Erholung, Gesundheit, materielle Sicherung, Wohnraum, Bildung usw. und die in ihrer Mehrheit und Grundsubstanz erst durch das Wirken der Sowjetunion weltweit den Rang und die Qualität von Grundrechten und Grundfreiheiten des Menschen erlangt haben.

– Die Verfassung regelt nicht nur bedeutende Grundrechte und Grundfreiheiten, sie orientiert auch darauf, daß ihre Nutzung den Interessen der Gesellschaft und des Staates und den Rechten anderer Bürger keinen Schaden zufügen darf (Artikel 39 Abs. 2 und 65 Abs. 1).

Mit der Offenheit und Sicherheit, die aus der Gewährleistung großer Rechte und Freiheiten erwachsen, bekennt sich die Verfassung zur Einheit von Rechten und Pflichten und verweist darauf, daß die Verwirklichung der Rechte und Freiheiten durch den Bürger nicht zu trennen ist von der Erfüllung seiner Pflichten (Artikel 59 Abs. 1).

In den Artikeln 59–69 werden diese staatsbürgerlichen Grundpflichten als Ausdruck der Verantwortung jedes Sowjetbürgers für die Aufrechterhaltung und Festigung des Weltfriedens und für die erfolgreiche Entwicklung der Gesellschaft zum Kommunismus geregelt. Es sind diese Pflichten Ausdruck einer kommunistischen, also humanistischen Moral und Lebensauffassung, wie Artikel 68 exemplarisch verdeutlicht: „Die internationalistische Pflicht des Bürgers der UdSSR ist es, zur Entwicklung der Freundschaft und Zusammenarbeit mit den Völkern anderer Ländern sowie zur Aufrechterhaltung und Festigung des Weltfriedens beizutragen."

– Bemerkenswert an der Einteilung der Rechte und Freiheiten, wie sie sich in der Aufzählung des Artikels 39 und in der inneren Systematik des Kapitels 7) widerspiegelt, ist sowohl ihre Reihenfolge wie auch Kennzeichnung: „Die Bürger der UdSSR haben alle sozialökonomischen, politischen und persönlichen Rechte und Freiheiten ..." (Artikel 39).

Wenn man dazu beachtet, daß im gleichen Einführungsartikel zu den einzelnen Rechten und Freiheiten die Kausalität zwischen ihrer Erweiterung und der „Erfüllung der Programme für die sozialökonomische und kulturelle Entwicklung" betont wird, so muß uns das Anlaß zu weiteren theoretischen und praktischen Schlußfolgerungen sein. Es läßt sich aus der Verfassung folgern:

- Die große Bedeutung der Hauptaufgabe und der Einheit von Wirtschafts- und Sozialpolitik findet Entsprechung auch im Grundrechtskatalog;
- die sozialökonomischen Rechte mit dem Recht auf Arbeit an der Spitze erfahren durch die innere Systematik besondere Betonung;
- die persönlichen Rechte und Freiheiten erhalten als eine relative homogene und selbständige Kategorie zunehmendes Gewicht.

– Die Achtung der Persönlichkeit, der Schutz der Rechte und Freiheiten des Sowjetmenschen ist als Pflicht aller Staatsorgane, gesellschaftlichen Organisationen und Staatsfunktionäre ausgestaltet (Artikel 57). Gleichzeitig zeigt sich die Entschlossenheit zu noch effektiverem Handeln im Interesse und zum Schutze des Bürgers, wenn Artikel 58 neben dem Beschwerderecht und der Staatshaftung auch die Möglichkeit des Einspruches beim Gericht vorsieht, „gegen Handlungen von Funktionären, die gegen die Gesetze verstoßen, ihre Vollmachten überschreiten und die Rechte der Bürger schmälern".

Auch in den Fragen der Freiheiten und Rechte der Menschen ist die Verfassung Ausdruck einer Entwicklung, die gleichermaßen von Kontinuität und Dynamik gekennzeichnet ist. Die mit der Oktoberrevolution geborene sozialistische Menschenrechtsdeklaration hat ihre Lebenskraft bewiesen. Ihre große Idee der vom Selbstbestimmungsrecht und von der politischen und ökonomischen Macht des Volkes geprägten und gesicherten Rechte und Freiheiten der Menschen behält weiter Gültigkeit. Sie hat eine solche Verwirklichung erfahren, daß die Prognose von Marx und Engels im Kommunistischen Manifest[8] nunmehr zum Leitmotiv der Verfassung für die Sowjetmenschen der nächsten Generationen werden kann: „Entsprechend dem kommunistischen Ideal, wonach die freie Entwicklung eines jeden die Bedingung für die freie Entwicklung aller ist, setzt sich der sowjetische Staat zum Ziel, die realen Möglichkeiten dafür zu erweitern, daß die Bürger ihre schöpferischen Kräfte, Fähigkeiten und Talente anwenden und ihre Persönlichkeit allseitig entwickeln" (Artikel 20).

5. Mit der neuen Verfassung wird die der sozialistischen Verfassung innewohnende Idee Gesellschaftsverfassung zu sein verstärkt. In diesem Sinne sprach Breshnew von ihr „als Lebensgesetz der entwickelten sozialistischen Gesellschaft".[9] Es wird diese verstärkte Tendenz an den bereits dargelegten staatstheoretischen Aspekten ebenso deutlich wie an der ausführlichen Regelung des Wirtschaftssystems, des sozialistischen und persönlichen Eigentums und der Arbeit, von der es heißt, daß sie und ihre Ergebnisse die Stellung des Menschen in der Gesellschaft bestimmen und daß die von Ausbeutung freie Arbeit die Quelle des Wachstums des gesellschaftlichen Reichtums, des Wohlstandes des Volkes und jedes sowjetischen Menschen ist (Artikel 14). Als höchstes Ziel der gesellschaftlichen Produktion wird die immer vollständigere Befriedigung der wachsenden materiellen und geistigen Bedürfnisse der Menschen genannt (Artikel 15). Gleichzeitig macht die neue Verfassung evident, daß die weitere Entwicklung der Gesellschaft mit der wachsenden Rolle von Partei, Staat, Recht, Demokratie, des gesamten politischen Systems und der Persönlichkeit einhergeht. Über ihre weitere Ausprägung vollzieht sich der Übergang zum Kommunismus (und dann wohl auch das allmähliche „Einschlafen" und „Absterben" von Staat und Recht wie es die Klassiker für den vollendeten Kommunismus prognostizierten).

Wenn hier auf die weitere Ausprägung des Charakters der Gesellschaftsverfassung als bemerkenswerter staatstheoretischer Aspekt hingewiesen wird, so vor allem, um damit auch zum Ausdruck zu bringen, daß die Verfassung wohl zu den Dokumenten zu zählen ist, die die Gesellschaft, ihre Einrichtungen und Mitglieder auf kommunistische Verhaltensweisen und Gewohnheitsregeln vorbereiten, um in weiterer Zukunft selbst zu einem Dokument kommunistischer Gesellschaftsorganisation zu werden.

Es war nicht Anliegen dieses Beitrages, die staatstheoretischen Aspekte hervorzuheben, die uns schon aus den bisherigen Sowjetverfassungen vertraut sind. Zu betonen ist jedoch, daß die neue Verfassung selbst in ihrer Präambel darauf verweist, daß die Kontinuität der Ideen und Prinzipien der Verfassungen von 1918, 1924 und 1936 gewahrt wird. Breshnew sagte dazu: „In den neuen Entwurf wurden viele prinzipielle Bestimmungen der jetzt gültigen Verfassung übernommen, da sie weiterhin dem Wesen unserer Ordnung und dem Charakter unserer Entwicklung entsprechen."[10] Markante Beispiele dafür sind die Regelung der nationalstaatlichen Ordnung der UdSSR (III. Abschnitt) gemäß der Leninschen Nationalitätenpolitik oder die Einheit der Staatsmacht, wie sie in der Machtvollkommenheit der Sowjets, als politische Grundlage der UdSSR und des danach gestalteten Systems der Staatsorgane zum Ausdruck kommt.

So ist die neue Verfassung „eine konzentrierte Bilanz der gesamten 60jährigen Entwicklung des Sowjetstaates" und „eröffnet zugleich die Perspektive für die weitere Entfaltung des kommunistischen Aufbaus".[11] Sie ist damit zugleich Ausdruck der Kontinuität und der weiteren revolutionären Dynamik sozialistischer Gesellschafts- und Staatspolitik unter Führung der Kommunistischen Partei der Sowjetunion. Es ist eine Verfassung vom sozialistischen Typus wie auch die vorangegangenen Sowjetverfassungen, wie auch unsere Verfassung von 1968 (in der Fassung von 1974). Da sie aber die Erfahrungen, Errungenschaften und künftigen Ziele der ersten sozialistischen Gesellschafts- und Staatsordnung der Welt reflektiert und artikuliert, des ersten Landes der Erde, das den Übergang zum Kommunismus gestaltet, hat diese Verfassung auch international die Qualität eines orientierenden Modells, weil sich ihre Grundzüge „mit historischer Unvermeidlichkeit im internationalen Maßstab wiederholen" werden, wie es Lenin schon für die Oktoberrevolution voraussagte.[12] Es ist sicherlich legitim, hier festzustellen, daß mit dieser neuen Verfassung, die Erkenntnisse aus Lenins „Staat und Revolution", die im Mittelpunkt unserer Beratung stehen, ihre Anwendung und auch Weiterentwicklung erfahren.

Anmerkungen

1 Leonid Breshnew über den Entwurf der neuen Verfassung der UdSSR, in: ND vom 6. Juni 1976, S. 3/4.
2 K. Marx/F. Engels, Werke, Bd. 7, S. 40.
3 L. Breshnew, Das Sowjetvolk – Schöpfer seiner neuen Verfassung, in: ND vom 6. Oktober 1977, S. 4.
4 Ebenda S. 3.
5 Vgl. Leonid Breshnew über den Entwurf . . ., a. a. O., S. 3.
6 Verfassung der entwickelten sozialistischen Gesellschaft, in: Neue Justiz, 1977, Heft 14, S. 434.
7 Das Sowjetvolk . . ., a. a. O., S. 3.
8 Vgl. K. Marx, F. Engels, Werke, Berlin 1959, Bd. 4, S. 482.
9 Das Sowjetvolk . . ., a. a. O., S. 4.
10 Leonid Breshnew über den Entwurf . . ., a. a. O., S. 3.
11 L. Breshnew, Das Sowjetvolk . . ., a. a. O., S. 3.
12 W. I. Lenin, Werke, Bd. 31, Berlin 1959, S. 5.

Oswald Kleinpeter

Zur Rolle der SMAD-Befehle für die Entwicklung im Bezirk Rostock nach 1945

Wenn in diesen Wochen auf den verschiedensten Gebieten Bilanz darüber gezogen wird, wie sich unser Staat, geführt von der SED, im Bruderbund mit der Sowjetunion entwickelte und erstarkte, so gehört zu den beeindruckenden Leistungen der vergangenen drei Jahrzehnte die Überwindung der Rückständigkeit im Norden der heutigen Deutschen Demokratischen Republik.

Mir scheint es wichtig, im 60. Jahr des Großen Oktober auch an vielen konkret vorstellbaren Beispielen nachzuweisen, wie die materielle, vor allem aber auch die ideologische und moralische Hilfe, die die Sowjetunion uns gerade in den ersten Jahren des Neuaufbaus gewährte, zu sehr faßbaren und nachhaltigen Ergebnissen führte. Dabei stellen die Befehle der SMAD und unzählige oftmals nur noch über persönliche Gespräche mit Veteranen zu erfassende Maßnahmen einzelner Genossen aus den verschiedenartigen Institutionen der Sowjetarmee ein beeindruckendes Beispiel dafür dar, daß die Sowjetunion in jeder Situation als Klassenverbündeter der Werktätigen handelt.

Nur mit wenigen Worten sei darauf verwiesen, daß der Bezirk Rostock heute in seiner wirtschaftlichen Struktur wesentlich durch die Zweige der Seewirtschaft, nämlich Schiffbau, Seeschiffahrt, Hafenwirtschaft und Hochseefischerei, durch ein leistungsfähiges Bauwesen sowie eine moderne sozialistische Landwirtschaft geprägt ist. In zunehmendem Maße entwickeln sich entsprechende Kooperationsbetriebe, Betriebe der Elektrotechnik und Elektronik sowie Betriebe der Leichtindustrie. Mit dem Aufbau des Kernkraftwerkes „Bruno Leuschner“ im Raum Greifswald ist der Bezirk Rostock ein bedeutender Energielieferant geworden.

Durch seine wissenschaftlichen Einrichtungen, zwei Universitäten, drei Hochschulen und andere Zentren des wissenschaftlichen Lebens, darunter international bekannte Forschungsstätten der Akademie der Wissenschaften der DDR, wird das geistige Leben wesentlich beeinflußt. Schließlich gewinnt der Ostseebezirk als attraktives Erholungsgebiet eine wachsende Bedeutung.

All diese ganz unterschiedlichen Bereiche haben sich nicht nur nach ihren inhaltlichen Aufgabenstellungen, sondern, von geringfügigen Ausnahmen wie der Neptun-Werft abgesehen, auch in ihrer materiell-technischen Substanz sowie in ihrer heutigen Größe und Ausdehnung von vornherein unmittelbar als Ergebnis der revolutionären Veränderungen nach 1945 entwickelt. Diese Spezifik in der Entwicklung des Bezirkes stellte in den vergangenen Jahren durchaus nicht unerhebliche Anforderungen an die Wirtschaftskraft der ganzen Republik. Sie reichten von der Zuführung hochqualifizierter Fachkräfte über die vorrangige Unterstützung mit technischen Ausrüstungen aus den hochindustrialisierten Mittel- und Südbezirken bis zum schnellen Ausbau der Infrastruktur. Schließlich gilt es, bis zum heutigen Tage in der Leitungstätigkeit eine Reihe von Faktoren zu beachten, die aus der alten sozialökonomischen Struktur herrühren und für den gesellschaftlichen Fortschritt sowohl beschleunigend als auch hemmend in Erscheinung treten.

Das Ende des 2. Weltkrieges war für den heutigen Küstenbezirk zugleich der Abschluß einer unter kapitalistischen Produktionsverhältnissen vollzogenen Entwicklung, die es zu keiner Zeit vermochte, dem Wirtschaftsleben eine solche Struktur zu geben, die den objektiv vorhandenen natürlichen Voraussetzungen und dem Stand der Produktivkräfte insgesamt in den jeweiligen Perioden entsprach. Rostock konnte sich beispielsweise nicht zu einer kapitalistischen Industriestadt entwickeln. Es behielt im wesentlichen eine kleinbürgerliche Struktur und positive Standortvorteile für küstentypische Industrie- und Wirtschaftszweige blieben weitgehend ungenutzt. Ohne die mannigfaltigen Ursachen dafür vollständig erfassen zu wollen, sollen zwei Faktoren Erwähnung finden, die wesentlich die sozialökonomische Struktur in den Städten und ländlichen Gebieten unter den Bedingungen des Kapitalismus beeinflußten.

Das sind

- der preußische Weg der kapitalistischen Agrarentwicklung in Mecklenburg und
- das bis in das letzte Drittel des 19. Jahrhunderts hineinreichende Überwiegen des Handelskapitals gegenüber dem Industriekapital.

Seit 1945 erfolgte, ausgehend von der antifaschistisch-demokratischen Umwälzung, eine grundsätzliche Wandlung der Produktionsverhältnisse und der Struktur des wirtschaftlichen Lebens. Im heutigen Küstenbezirk wurden nicht nur in den vorhandenen Bereichen die Produktionsverhältnisse grundsätzlich umgestaltet, sondern es entwickelten sich darüber hinaus in raschem Tempo solche Wirtschaftszweige, die von Anfang an deutlich ein planmäßiges Herangehen an die Standortverteilung der Produktivkräfte verraten und zweifelsfrei die dieser Entwicklung untergeordnete Ausnutzung des geographischen Milieus, insbesondere der Küstenlage, sichtbar werden lassen.

Als der Beginn eines solchen Prozesses sind sehr wesentlich die Befehle der SMAD und ihrer Dienststellen zu den verschiedenen Problemen des wirtschaftlichen Neuaufbaus an der Ostseeküste aus den Jahren 1946 bis 1949 anzusehen.

Neben einer Reihe von Maßnahmen, die sofort zu lösenden Aufgaben galten, wird mit diesen Befehlen bereits der Aufbau einer neuen wirtschaftlichen Struktur im Norden der heutigen DDR unterstützt. Diese Entwicklung wird im Verlauf des Zweijahrplanes unter Führung der SED planmäßig weiter ausgebaut und danach ständig vervollkommnet. Schon die ersten dazu notwendigen in den Befehlen enthaltenen Vorarbeiten entstanden mehr und mehr gemeinsam mit der im Jahre 1947 gebildeten Deutschen Wirtschaftskommission. Von grundsätzlicher Bedeutung für die gesamte Wirtschaft erwies sich der bedeutungsvolle Befehl Nr. 234 vom 10. 10. 1947, der die Steigerung der Arbeitsproduktivität, die Festigung der Arbeitsdisziplin sowie die Entfaltung der Eigeninitiatve der Werktätigen in den Mittelpunkt stellte und zugleich eine Reihe von Maßnahmen zur Verbesserung der materiellen Lage der Arbeiter und Angestellten anordnete.

Für den Aufbau einer leistungsfähigen küstentypischen Wirtschaft verdienen in diesem Zeitraum u. a. die Befehle des Verwaltungschefs der SMA in Mecklenburg/Vorpommern Nr. 50 vom 14. 4. 1947 „Über die Bestätigung der Schiffswerften in Mecklenburg", Nr. 112 vom 1. 8. 1947 „Über die Ausführung der Wiederaufbauarbeiten in den Häfen Wismar, Rostock-Warnemünde und Stralsund", Nr. 218 vom 30. 12. 1947 „Über den Bau von Fischerbooten in Betrieben des Landes Mecklenburg", Nr. 13 vom 9. 12. 1948 „Über die Reparatur von Schiffen des Ministeriums für Seeflotte und des Ministeriums für Fischverarbeitung in den Westbezirken der UdSSR auf den Werften des Landes Mecklenburg" und der Befehl des Obersten Chefs der SMA und Obersten Befehlshabers der Gruppe der sowjetischen Besatzungstruppen in Deutschland Nr. 112 vom 23. 6. 1948

„Über die Neuausstattung der Warnemünder Filiale des Wismarer Werkes" besondere Erwähnung.[1]

Dieser letztgenannte Beschluß verlangt beispielsweise, bis „zum 1. Mai 1949 die Warnemünder Filiale des Wismarer Schiffsreparaturbetriebes als ein selbständiges Werk mit einem Jahresplan von Schiffsreparaturen für 15 Millionen Deutsche Mark nach den Preisen von 1944 neu auszustatten". Es wird gefordert, aus dem Etat des Landes Kredite zur Verfügung zu stellen und Spezialbaufirmen einzusetzen. Nicht weniger aufschlußreiche Angaben enthält eine Anordnung der Verwaltung der SMA in Mecklenburg vom 26. 4. 1947, die als eindrucksvoller Vertrauensbeweis gegenüber den deutschen Antifaschisten gewertet werden kann. Durch sie erhält der Ministerpräsident der damaligen Landesregierung in Durchführung eines Befehls des Obersten Chefs der SMAD die Weisung, zum 1. Mai 1947 in den Häfen Wismar, Rostock-Warnemünde und Stralsund auf gleichberechtigter Grundlage Ausschüsse von Vertretern der Deutschen Transportverwaltung des Landes Mecklenburg und der entsprechenden Stadtverwaltung zu bilden. Er wird beauftragt, für eine ordnungsgemäße Arbeit dieser Ausschüsse Sorge zu tragen. Schon zu dieser Zeit wird die Forderung erhoben, bei der Landesregierung eine Unterabteilung Seehäfen und Küstenschiffahrt zu bilden sowie eine Hafenpolizei aufzubauen, die den jeweiligen Bürgermeistern unterstellt wird.[2]

Schließlich sei noch auf den besonders für die Stadt Rostock wichtigen Befehl Nr. 195 vom 28. Oktober 1946 verwiesen, der die Übernahme der Neptun-Werft in den Bestand der Sowjetischen Aktiengesellschaft für Transport-Maschinenbau bestimmte.[3] Damit verzichtete die Sowjetunion auf eine Demontage und etwa 2500 Arbeitern und Angestellten blieben ihre Arbeitsplätze erhalten. Die nicht in Zahlen auszudrückende Bedeutung einer solchen Entscheidung bestand aber vor allem darin, daß damit in Mecklenburg eine Kaderschmiede geschaffen wurde, in der deutsche Arbeiter die Anfänge sozialistischen Wirtschaftens lernten und Erfahrungen sowohl in der Machtausübung als auch bei der Beherrschung der Produktionsprozesse sammeln konnten. Hatten die Arbeiter der Neptunwerft zur Zeit des kapitalistischen Deutschlands bereits einen Kern der zahlenmäßig kleinen Arbeiterklasse im Lande Mecklenburg verkörpert und im antifaschistischen Kampf eine beachtliche Rolle gespielt, so gehörten sie jetzt zur Vorhut bei der Herstellung der Einheit der Arbeiterklasse und beim Neuaufbau des gesamten gesellschaftlichen Lebens. Unter den Bedingungen eines SAG-Betriebes entwickelte sich eine enge Zusammenarbeit und herzliche Freundschaft zwischen den deutschen Werktätigen und ihren sowjetischen Klassengenossen. Als am 29. April 1952 der heutige VEB Neptun-Werft in das Eigentum der DDR übergeben wurde, da war das nicht nur die Übergabe eines Großbetriebes mit einer technischen Ausrüstung und Dimension wie sie das alte Mecklenburg niemals besessen hatte. Es war zugleich ein wichtiger Schritt bei der schnellen Entwicklung einer hochqualifizierten Arbeiterklasse an der Ostseeküste und bei der Schaffung der materiell-technischen Basis der sozialistischen Werftindustrie.

So bescheiden sich die Jahre vor der Gründung der DDR aus der Sicht der Gegenwart auch ausnehmen, es waren die ersten Schritte einer kontinuierlichen Entwicklung, deren Niveau 1976 im Volkswirtschaftsplan des Bezirkes mit solchen Kennziffern wie Fertigstellung von 26 See- und Küstenschiffen sowie 24 Fang- und Verarbeitungsschiffen oder Steigerung des Güterumschlags in den Seehäfen auf 17,3 Millionen Tonnen charakterisiert wird. 21 regelmäßige Liniendienste des VEB Deutfracht/Seereederei und die Fangflotten der volkseigenen Fischkombinate Rostock und Saßnitz haben ihre, wenn auch inoffiziellen, Geburtsurkunden in den genannten und zahlreichen anderen Entscheidungen, bei denen sich die Sowjetunion davon leiten ließ, daß die restlose Vernichtung des deutschen Faschismus und Militarismus einschneidende und dauerhafte Veränderungen der gesellschaftlichen Verhältnisse voraussetzt.

Neben der Bedeutung der SMAD-Befehle für die wirtschaftliche Entwicklung im Norden der DDR sind die darin enthaltenen Leitlinien auch deshalb von besonderem Interesse, weil mit ihrer Hilfe die weitverbreiteten Theorien über die Unmöglichkeit einer industriellen Entwicklung Mecklenburgs in der gesellschaftlichen Praxis überwunden worden sind.

Diese Auffassungen finden sich nicht nur in zahlreichen Publikationen der zwanziger und dreißiger Jahre,[4] sondern werden beispielsweise auch noch in einem Arbeitsmaterial beim Statistischen Landesamt in Schwerin aus dem Jahre 1947 vertreten, in dem es u. a. heißt: „Außer dem Rohstoff- und Facharbeitermangel war die ungünstige Verkehrslage ein hemmender Faktor. Mecklenburg, und dies gilt besonders auch für die jetzt dazugekommenen Gebiete Vorpommerns, liegt im toten Winkel zwischen Elbe und Oder, zwischen Hamburg und Stettin ... Zusammenfassend soll noch einmal gesagt werden, daß Mecklenburg/Vorpommern als Ganzes ein Agrarland gewesen ist und es auch immer überwiegend bleiben wird."[5]

Es erscheint mir notwendig daran zu erinnern, daß solche pseudowissenschaftlichen Auffassungen, die natürliche und gesellschaftliche Bedingungen unzulässig vermischen, auch in westdeutschen Publikationen während der letzten drei Jahrzehnte immer wieder Auferstehung feierten. Mehr oder weniger wissenschaftlich verbrämt holten sie die Ideologen des Kapitalismus vor allem dann hervor, wenn auf dem Boden der DDR neue Entwicklungsschritte beim Aufbau und der Komplettierung einer sozialistischen Seewirtschaft eingeleitet wurden. Das war so, als die Errichtung der Großwerften begann, setzte sich fort als die moderne Wissenschaft und Technik in der Hochseefischerei einzog und trieb beim Bau des Überseehafens einem besonderen Höhepunkt zu.

Gerade die Auseinandersetzung mit solchen reaktionären Auffassungen trug schon damals wesentlich dazu bei, die in den ersten Jahren des Neuaufbaus noch weit verbreitete Lethargie unter der Bevölkerung zurückzudrängen und zugleich die unter Führung der Arbeiterklasse und ihrer Partei nach vorn strebenden Käfte zu aktivieren.

Die SMAD-Befehle unterstützten wesentlich diese Prozesse. Sie halfen nicht nur, die reaktionärsten Kräfte im Osten Deutschlands vollständig zu entmachten, sondern gewährten schon frühzeitig der deutschen Arbeiterklasse und allen anderen Werktätigen demokratische Entscheidungsbefugnisse. Gerade in der Arbeit der SMAD zeigte sich auch unter kompliziertesten Bedingungen das humanistische Wesen des Sozialismus und die Durchsetzung der Leninschen Prinzipien in der Außenpolitik eines sozialistischen Staates. Darin widerspiegelte sich die Übereinstimmung der internationalen Befreiungsmission der Sowjetunion mit den Lebensinteressen unseres Volkes. Diesem Abschnitt auf unserem Wege sollten wir stets die ihm gebührende Beachtung schenken.

Anmerkungen

1 Staatsarchiv Schwerin, Befehle der SMA, Ministerpräsidium, Schwerin 1947, 1948, Nr. 1462 bis 1465.
2 Ebenda, Ministerpräsidium, Dolmetscherbüro, Nr. 1454, Blatt 991.
3 Ebenda, Ministerium für Finanzen, Nr. 1318.
4 Vgl. u. a., Wilhelm Ule, Geographie von Mecklenburg, Stuttgart 1919.
Kurt Kühl, Die Seestädte Rostock und Wismar im Ostseeverkehr, Rostock 1939.
Karl Büchner, Wirtschaftsgeographie von Mecklenburg, Schwerin, Berlin und Leipzig 1936.
5 Staatsarchiv Schwerin, Ministerpräsidium, Statistisches Landesamt, Nr. 33.

Willy Marlow

Zu einigen Erfahrungen aus der staatlichen Leitungstätigkeit beim Rat des Bezirkes Rostock

Bei jeder Einschätzung der staatlichen Tätigkeit in den siebziger Jahren muß hervorgehoben werden, daß die kontinuierliche Vervollkommnung der sozialistischen Gesetzgebung in der Deutschen Demokratischen Republik zu den wichtigen Ergebnissen bei der Durchführung der Politik des VIII. und IX. Parteitages der SED zu rechnen ist.

Dieses umfassende Gesetzgebungsprogramm wurde unter breiter Mitwirkung der Werktätigen in Angriff genommen. Ich kann aus eigener Erfahrung sagen, daß die Vervollkommnung der verschiedenartigen Rechtsnormen ständig in enger Verbindung zu unserem gesellschaftlichen Leben erfolgte und wesentliche Erfahrungen der sozialistischen Bruderländer, insbesondere der Sowjetunion, berücksichtigt.

In unserer Arbeit in den staatlichen Organen bestätigt sich nachdrücklich die Feststellung Lenins auf dem IX. Gesamtrussischen Sowjetkongreß im Dezember 1921, wo er ausführte:

„Je mehr wir in Verhältnisse eintreten, die feste und sichere Machtverhältnisse sind ... desto nachdrücklicher muß die entschiedene Losung der Verwirklichung größerer revolutionärer Gesetzlichkeit in den Vordergrund gerückt werden.“[1]

Ich sehe die Bedeutung einer solchen Feststellung aus heutiger Sicht vor allem darin, daß das sozialistische Recht dazu beitragen muß, die Erhöhung der Effektivität der staatlichen Leitung in der entwickelten sozialistischen Gesellschaft zu unterstützen und dabei vor allem die Qualität der staatlichen Entscheidungen zu fördern.

Mit dem Gesetz über die örtlichen Volksvertretungen und ihre Organe in der Deutschen Demokratischen Republik vom 12. Juli 1973 ist für die verschiedenen örtlichen Ebenen der Staatsmacht beispielsweise ein wertvolles Instrument geschaffen worden, das die Tätigkeit aller staatlichen Organe unmißverständlich darauf richtet, die durch unsere Partei beschlossene Hauptaufgabe zum Wohle des Volkes und im Interesse jedes Bürgers zu erfüllen.

Mehr als vier Jahre danach kann man einschätzen, daß sich dieses Gesetz voll inhaltlich bewährt und eine mobilisierende Rolle in der staatlichen Arbeit spielt. Eine solche Feststellung wird keineswegs geschmälert, wenn ich darauf verweise, daß seitdem eine ganze Reihe Fragen an Bedeutung gewonnen haben, die im Gesetz noch nicht mit solcher Konsequenz Beachtung erfahren haben. Ich meine beispielsweise die Problematik der territorialen Rationalisierung, die wachsende Verantwortung der örtlichen Volksvertretungen für die Planerfüllung in nicht unterstellten Betrieben oder die Regelung der Beziehungen zwischen den Räten der Gemeinden und solchen Struktureinheiten der Landwirtschaft wie Kooperative Abteilungen Pflanzenproduktion und Agrarindustrievereinigungen. Offensichtlich ist auch daran die schnelle Entwicklung des gesellschaftlichen Lebens zu ersehen und es wird deutlich, daß auch die rechtliche Ausgestaltung unserer Gesellschaft nach ständig höheren Anforderungen ständig qualifiziert werden muß.

Bei unseren Bemühungen um die Durchsetzung des Gesetzes über die örtlichen Volksvertretungen haben wir als eine wichtige Aufgabe großen Wert darauf gelegt, die Tätigkeit der Gemeindevertretungen, ihrer Räte und insbesondere der Bürgermeister zu qualifizieren. Ohne die Verantwortung der Räte der Kreise dafür zu schmälern, gehören die jedes zweite Jahr durchzuführenden Konferenzen mit allen Bürgermeistern des Bezirkes, Beratungen mit den Bürgermeistern der Städte und Siedlungszentren, theoretische Erfahrungsaustausche in den Gemeindeverbänden, systematische Schulungen der Bürgermeister an der Betriebsakademie des Rates des Bezirkes und andere Maßnahmen zu unserem Leitungsstil. Dabei lassen wir uns davon leiten, daß einerseits gerade die Bürgermeister den engsten täglichen Kontakt mit der Bevölkerung haben und dementsprechend über sozusagen unerschöpfliche Erfahrungen verfügen und daß zum anderen eine regelmäßige generelle Orientierung dieser Staatsfunktionäre aus der Sicht des ganzen Bezirkes erforderlich ist, um Fehlentscheidungen möglichst zu vermeiden.

Wir sehen diese Seite unserer Arbeit in einem ganz engen Zusammenhang zu der Notwendigkeit, im Bezirkstag und im Rat des Bezirkes zunehmend solche grundsätzlichen Fragen zu behandeln, die für die Räte der Kreise und Stadtkreise sowie die Städte und Gemeinden langfristige Bedeutung besitzen. Das Vorhandensein verbindlicher Dokumente, die im Ergebnis solcher Beratungen beschlossen werden, ist Voraussetzung für die qualifizierte Anleitung der nachgeordneten Räte und schränkt zumindest subjektivistische und egoistische Entscheidungen weitgehend ein.

Zu solchen grundlegenden Materialien, die auf der Ebene des Bezirkes erarbeitet und bei einem bestimmten Stand in Beschlußform gebracht werden, zugleich aber ständig zu präzisieren sind, gehören Fragen der Entwicklung des Siedlungsnetzes und Fragen der städtebaulich-architektonischen Entwicklung des Bezirkes.

Bei der Charakterisierung der Siedlungsstruktur des Bezirkes und bei unseren Überlegungen zur planmäßigen Entwicklung der Städte und Gemeinden gehen wir stets davon aus, daß sowohl der wissenschaftlich-technische als auch der soziale Fortschritt objektiv ein rasches Wachstum der Produktion und die Schaffung immer effektiverer Bedingungen für die materielle und kulturelle Lebenstätigkeit verlangen. Darin eingeschlossen ergeben sich hohe Forderungen an die ständige Weiterentwicklung des Kultur- und Bildungsniveaus der Gesellschaft und jedes einzelnen. Die Verwirklichung dieser Forderungen ist am besten in den Städten oder unter stadtähnlichen Bedingungen möglich.

Die führende Rolle der Städte innerhalb der Siedlungsstruktur zeigt sich darin, daß sie die Zentren der Arbeiterklasse darstellen und somit als Zentren des technisch-ökonomischen, des politisch-administrativen, des kulturell-geistigen und des sozialen Lebens der Gesellschaft in Erscheinung treten.

Die ökonomische Entwicklung dieser Zentren wird sich auch in der Zukunft mit unterschiedlicher Dynamik vollziehen. Der auslösende Faktor ist und bleibt die Produktions- und Arbeitsplatzentwicklung, woran wiederum ein wesentlicher Teil des Wohnungsbaues gebunden wird.

Konzentration und Zentralisation der Produktion bewirken also, wenn auch in unterschiedlichem Tempo, eine Konzentration der Bevölkerung. Schon aus dieser Tatsache kann die Feststellung abgeleitet werden, daß alle Städte und Siedlungszentren in unserem Bezirk eine gesicherte Perspektive haben und im Gefüge unserer Siedlungsstruktur wachsende Bedeutung erlangen.

In der staatlichen Leitungstätigkeit gilt es deshalb, die Standortpolitik darauf auszurichten, daß Investitionsmaßnahmen der Produktion konsequent auf vorhandene Siedlungszentren konzentriert werden. Das erfordert eine hohe Disziplin aller Wirtschaftszweige und zugleich ein großes Maß an Verständnis für volkswirtschaftliche Erfordernisse bei allen Beteiligten. Nicht zuletzt ist für die Entscheidungsfindung ein umfangreiches Wissen über die Entwicklung in größeren Zeiträumen erforderlich.

Was die Konzentration der Bevölkerung betrifft, so ist unsere Leitungstätigkeit darauf ausgerichtet, keine überdurchschnittlich schnelle Entwicklung auf diesem Gebiet anzustreben. Das lassen schon unsere ökonomischen Möglichkeiten nicht zu und deshalb ist es erforderlich, sowohl unsere politisch-ideologische Arbeit als auch die ganz praktischen Maßnahmen darauf auszurichten, daß beispielsweise auch in den kleinen Ortsteilen noch für viele Jahre zahlreiche Bürger leben werden.

In den nächsten Jahren nehmen die Jugendlichen der geburtenstarken Jahrgänge von 1959 bis 1965 die Berufsausbildung auf und treten in das Berufsleben ein. Zur Durchsetzung der intensiv erweiterten Reproduktion der Volkswirtschaft ist es erforderlich, viele von ihnen in den Städten Rostock und Greifswald und in abgeschwächtem Umfang in den Städten Stralsund, Wismar und einigen ausgewählten Kreisstädten zu konzentrieren, damit sie hier mithelfen, durch eine bessere Auslastung der vorhandenen Grundfonds unsere Volkswirtschaft weiter zu stärken.

Mit den komplizierter werdenden Aufgaben auf ökonomischem und sozialem Gebiet wächst auch die Kompliziertheit der staatlichen Leitung, der Planung und der Vorbereitung wissenschaftlich begründeter Entscheidungen.

So gehen wir beispielsweise davon aus, daß die Städte auch gegenüber dem Umland eine große Verantwortung wahrzunehmen haben, die aus ihrer grundsätzlichen Stellung im System unserer Gesellschaft und insbesondere der Volkswirtschaft resultieren.

Es sei nur darauf hingewiesen, daß allein in den vier Städten Rostock, Greifswald, Stralsund und Wismar etwa 46 Prozent der Einwohner des Bezirkes leben und 78 Prozent der industriellen Warenproduktion erzeugt werden. Nimmt man zu den genannten noch unsere sechs Kreisstädte sowie die Städte Barth und Saßnitz dazu, dann werden in diesen 12 Orten 90 Prozent der industriellen Warenproduktion hergestellt.

Gleichzeitig ist aber auch der Tatsache Beachtung zu schenken, daß dem Umland eine zunehmende Verantwortung gegenüber den Zentren zukommt. Ich möchte als Beispiel dafür nur die wichtige Versorgungsfunktion der umliegenden landwirtschaftlichen Betriebe erwähnen und gleichzeitig darauf hinweisen, daß viele Vorhaben für die Entwicklung der technischen Infrastruktur wie beispielsweise Be- und Entwässerung nur im engen Zusammenwirken zwischen den Städten und den Gebieten des Umlandes in Angriff genommen werden können.

Hinsichtlich der umfangreichen Umlandfunktion, die die Städte des Bezirkes auszuüben haben, möchte ich darauf verweisen, daß solche Faktoren wie eine schrittweise Verbesserung der Verkehrsbedingungen, wachsende Kulturbedürfnisse und vieles andere sowohl räumlich das Umland erweitern als auch auf Qualität und Intensität der Umlandbeziehungen einwirken.

Aus diesen Gründen wurde und wird in den genannten Städten und anderen bedeutenden Konzentrationspunkten die materiell-technische Basis in den produktiven sowie in den versorgenden und betreuenden Bereichen besonders rasch ausgebaut, so daß sich dort zunehmend umfangreiche Grundfonds zum unmittelbaren Vorteil großer Teile der Bevölkerung konzentrieren.

In unmittelbarer Verbindung zu dieser Aufgabenstellung steht die bereits 1974 vom Bezirkstag beschlossene und im Mai 1977 wesentlich qualifizierte „Grundlinie zur städtebaulich-architektonischen Entwicklung des Bezirkes Rostock“.[2]

Die darin enthaltene gesellschaftspolitische Zielstellung verpflichtet Städtebau und Architektur folgenden Grundsätzen gerecht zu werden:

Erstens ist die bauliche Umwelt mit den spezifischen Mitteln des Städtebaues, der Architektur und der bildenden Kunst so zu gestalten, daß sie den ständig wachsenden materiellen und geistig-kulturellen Bedürfnissen der Bürger immer besser gerecht wird. Dabei müssen jede Stadt und jedes Dorf das architektonisch unverwechselbare Antlitz behalten.

Zweitens soll die bauliche Umwelt günstige materielle und ideelle Voraussetzungen für ein hohes Entwicklungstempo und höchste volkswirtschaftliche Effektivität der sozialistischen Produktion und für den weiteren Ausbau der Versorgungs- und Dienstleistungsbereiche schaffen.

Drittens ist die bauliche Umwelt bei rationeller Nutzung der Ressourcen und nach den Erkenntnissen des wissenschaftlich-technischen Fortschritts so zu gestalten, daß sie dazu beiträgt, die Arbeitsproduktivität ständig zu steigern und kontinuierlich die Arbeits- und Lebensbedingungen der Bürger zu verbessern.

Viertens muß die bauliche Umwelt ausgehend von den landschaftlichen Gegebenheiten, den kulturhistorisch wertvollen städtebaulichen Strukturen, Bauensembles und Gebäuden und bei Fortführung bewährter Traditionen so entwickelt werden, daß sie die sozialistischen Produktionsverhältnisse widerspiegelt, die politisch-moralische Einheit des Volkes zum Ausdruck bringt und das sozialistische Eigentümerbewußtsein stärkt.

Folgerichtig wird daraus abgeleitet die verbindliche Forderung erhoben, die sozialistische Gestaltung unserer Umwelt als einen permanenten Entscheidungsprozeß zu erkennen. Alle Baumaßnahmen sind auf der Grundlage des jeweiligen Generalbebauungs- und Generalverkehrsplanes so einzuordnen, daß sie unter Beachtung des wissenschaftlich-technischen Fortschritts den jeweiligen gesellschaftlichen Bedürfnissen und Möglichkeiten Rechnung tragen. Die bauliche Entwicklung und städtebaulich-architektonische Gestaltung der Städte und Dörfer wird von der ökonomischen Entwicklung des Bezirkes bestimmt. Sowohl für die weitere Verbesserung der Arbeits- und Lebensbedingungen der Bevölkerung, für die allmähliche Überwindung der wesentlichen Unterschiede zwischen Stadt und Land als auch für die planmäßige Erschließung des Bezirkes Rostock für Erholungszwecke sind das Territorium des Bezirkes mit Küste und Hinterland sowie die Städte und Siedlungszentren mit ihrem Umland als eine komplexe Einheit und Bestandteil des Siedlungssystems zu entwickeln und zu gestalten. Außerdem ist die landschaftliche Eigenständigkeit der Städte mit ihrem Umland, der zum Bezirk gehörenden Inseln Rügen und Usedom sowie der Halbinsel Fischland-Darß/Zingst eine elementare Bedingung für die Gestaltung der Städte und Dörfer, die aus der Spezifik des Küstenbezirkes erwächst.

In den Schlußbestimmungen verpflichtet der Bezirkstag den Rat des Bezirkes, die örtlichen Volksvertretungen bei der Ausarbeitung und Bestätigung von analogen Dokumenten für die Städte und Dörfer und Erholungsorte zu unterstützen. Gleichzeitig wird der Rat des Bezirkes verpflichtet, eine breite Öffentlichkeitsarbeit durchzuführen, um allen Bürgern die Probleme und daraus erwachsende Aufgaben zu erläutern.

Diese wenigen Beispiele aus umfangreichen Arbeitsgebieten habe ich für meinen Diskussionsbeitrag vor allem unter einem solchen Gesichtspunkt ausgewählt, daß es sich dabei um Fragen handelt, die ganz unmittelbar die Interessen der Bürger berühren. Gültige Entscheidungen auf diesen Gebieten können nur im engen Zusammenwirken mit vielen gesellschaftlichen Kräften getroffen werden. Ihre Verwirklichung setzt in jedem Falle aktives Mitdenken und aktive Mitarbeit der Bürger voraus. Nicht zuletzt nehmen dabei die Bürgermeisten eine sehr wichtige Stellung ein und tragen durch ihr Wirken dazu bei, daß immer mehr Menschen in den staatlichen Maßnahmen den Ausdruck ihres eigenen Wollens erkennen.

Anmerkungen

1 W. I. Lenin, IX. Gesamtrussischer Sowjetkongreß, 23.–28. Dezember 1921, in: Werke, Bd. 33, S. 161.

2 Beschluß des Bezirkstages Rostock, Nr. 15-3/77 vom 5. Mai 1977.

Henning Schleiff

Die Verantwortung der örtlichen Organe im Prozeß der weiteren Vervollkommnung der sozialistischen Demokratie bei der Gestaltung der entwickelten sozialistischen Gesellschaft

In der Auseinandersetzung mit bürgerlichen und revisionistischen Entstellungen des Klassenwesens der Demokratie begründete Lenin in seiner Arbeit „Staat und Revolution" das Wesen und die historisch neue Qualität der sozialistischen Demokratie. Und was Lenin vor 60 Jahren, am Vorabend der Großen Sozialistischen Oktoberrevolution, theoretisch bewies, ist heute in der Welt des Sozialismus gesellschaftliche Realität.

Einen überzeugenden Beweis dafür trat in den letzten Monaten das Sowjetvolk selbst an, das in der Tat zum wahren Schöpfer des Grundgesetzes seines Staates wurde.

Aber auch in unserer Deutschen Demokratischen Republik haben die letzten Wochen und Monate die Wirksamkeit sozialistischer Demokratie erneut vielfältig unterstrichen, was in den Ergebnissen der großen politischen Aktivität in Vorbereitung des 60. Jahrestages des Roten Oktober, in den Ergebnissen des sozialistischen Wettbewerbs zu Ehren dieses Jubiläums seinen lebendigen Ausdruck fand. Und wenn in diesen Tagen auch in den Betrieben unserer Stadt die Arbeitskollektive mit der Abrechnung ihrer Wettbewerbsergebnisse zugleich ihre Verpflichtungen in Vorbereitung auf den 30. Jahrestag unserer Arbeiter-und-Bauern-Macht verbinden, zeugt das von der Tiefe der Demokratie des Sozialismus.

Die ständige Vervollkommnung der sozialistischen Demokratie schließt eine große Vielfalt von Aufgaben für die Arbeit der örtlichen Staatsorgane ein. Wir haben uns auch in unserem Ratskollektiv in Auswertung der Beschlüsse des IX. Parteitages damit sehr intensiv beschäftigt und manchen auch heftigen Gedankenaustausch geführt, um herauszufinden, worauf müssen wir uns bei der Erfüllung dieses Auftrages des IX. Parteitages in der nächsten Zeit konzentrieren.

Erstens, darüber sind wir uns schnell einig geworden und auch heute auf dieser Tagung wurde das schon mehrfach unterstrichen: die Kernfrage der weiteren Entfaltung der sozialistischen Demokratie ist die weitere Vervollkommnung der Arbeit der Volksvertretung, die Erhöhung ihrer Autorität und Wirksamkeit.

Die Wirksamkeit einer jeden örtlichen Volksvertretung ist natürlich wesentlich davon abhängig, wie sie es versteht, die Bedürfnisse und Gedanken der Arbeiter und aller Werktätigen zum wesentlichen Ausgangspunkt ihrer gesamten Tätigkeit zu machen.

Und unsere Erfahrungen in dieser Wahlperiode zeigen, daß die Arbeiter, die heute in größerer Zahl in unseren Volksvertretungen wirken, entscheidenden Einfluß auf Autorität und Wirksamkeit der gesamten Volksvertretung haben. Indem sie die Probleme aus ihrem Arbeitskollektiv, die Vorschläge und Meinungen ihrer Kollegen unmittelbar in die Arbeit der ständigen Kommissionen und in die Tagungen einfließen lassen, bereichern und beleben sie die Arbeit unserer Stadtverordnetenversammlung, bringen sie in ihr das Arbeiterwort nachhaltig zur Geltung.

Und gerade aus diesem Wirken der Arbeiter, der Werktätigen aus den Betrieben ist so manches Problem in die Arbeit der Volksvertretung eingeflossen, welches sonst sicherlich nicht oder auf viel komplizierterem Weg in unserer Arbeit berücksichtigt worden wäre.

Sprachen in der Wahlperiode 1970 bis 1974 auf 24 Tagungen unserer Stadtverordnetenversammlung 36 Arbeiter, so haben auf den 21 Tagungen der gegenwärtigen Wahlperiode schon 71 Arbeiter das Wort ergriffen. Das ist natürlich nur ein unvollkommener Beweis für die qualitativen Veränderungen, die sich vollzogen haben, denn die Aktivität unserer Volksvertretungen vollzieht sich natürlich nicht nur in erster Linie in den Tagungen. Aber die Zahlen zeigen doch, wie wir nach dem VIII. Parteitag eine neue Qualität der Arbeit der Volksvertretung erreicht haben.

Wir sind davon ausgegangen, daß von entscheidender Bedeutung für die höhere Wirksamkeit der Volksvertretung die enge Verbindung ihrer Arbeit mit den Bürgern selbst ist, und haben darum in den vergangenen Monaten der langfristig angelegten breiten öffentlichen Vorbereitung der Tagungen der Stadtverordnetenversammlung und ihrer Beschlüsse besondere Aufmerksamkeit gewidmet.

Wir meinen, daß wir damit zugleich zwei Funktionen erfüllen. Erstens, daß damit der Charakter der Volksvertretung als arbeitende Körperschaft stärker ausgeprägt wird und zweitens, daß zugleich die Bürger in größerer Zahl in die Leitung und Lösung der gesellschaftlichen Angelegenheiten bei der staatlichen Leitung der Stadt einbezogen werden.

Selbstverständlich sind die Ergebnisse dabei unterschiedlich. Wir hatten Tagungen, bei denen wir eine große Breite in der Vorbereitung erreichten, z. B. zu Problemen des Verkehrs, wo sich 1850 Bürger an Aussprachen beteiligten und 237 Vorschläge zur Veränderung des Beschlußentwurfes unterbreiteten.

Aber auch die letzte Tagung unserer Stadtverordnetenversammlung, die sich mit der Entwicklung des geistig-kulturellen Lebens in unserer Stadt beschäftigte, hatte ein großes Echo und viele Gedanken aus den Aussprachen in Arbeitskollektiven und Wohnbezirken flossen in den Beschlußentwurf ein.

Gegenwärtig diskutieren wir den Entwurf einer präzisierten Stadtordnung. Auch dadurch fühlt sich ein größerer Kreis von Bürgern angesprochen. Ursache für die gute Resonanz ist sicherlich auch, daß es uns gelang, rechtzeitig im Juli diesen Entwurf – trotz der Papierprobleme – in recht großer Zahl zur öffentlichen Diskussion herauszugeben.

Die Reaktion auf den Entwurf der Stadtordnung ist sehr interessant, weil nicht schlechthin Vosrchläge zur Präzisierung ihres Textes unterbreitet werden, sondern weil die Diskussion des Entwurfs in verschiedenen Wohnbezirken und Betrieben in der Tat dazu geführt hat, die öffentliche Meinung zu Fragen der Ordnung, Sicherheit und Sauberkeit in der Stadt weiterzuentwickeln.

Ich möchte noch deutlicher unterstreichen, was hier heute schon zur Rolle der öffentlichen Meinung bei der Entfaltung der sozialistischen Demokratie gesagt wurde. Ich glaube, die Organisation einer richtigen öffentlichen Meinung zu ganz bestimmten Problemen ist etwas sehr wichtiges, um die Aktivität der Menschen nicht nur für die Leitung, sondern vor allem für die Lösung gesellschaftlicher Angelegenheiten zu erreichen.

Das drückt sich darin aus, daß die Diskussion des Entwurfs der Stadtordnung im Zusammenhang mit der Herausbildung kollektiver Standpunkte, z. B. in Hausgemeinschaften, nicht selten eine Einigung über praktische Maßnahmen, wie man gemeinsam stärker für Ordnung, Sicherheit und Sauberkeit im jeweiligen Verantwortungsbereich eintritt, auslöst.

Unsere Erfahrung bestätigt, eine solch breite Vorbereitung von Tagungen der Volksvertretung dient nicht nur der sachkundigen Diskussion von Problemen unserer gesellschaftlichen Entwicklung und der Förderung der Initiative der Bürger, sondern trägt zugleich zur Entwicklung ihres Demokratiebewußtseins und zur immer engeren Verbindung des Bürgers mitseiner Volksvertretung, mit seinem sozialistischen Staat bei. Diese Vorbereitung der Tagungen der StVV gibt den Abgeordneten die Möglichkeit mit ihren Wählern sehr konkret Probleme des Lebens, der gesellschaftlichen Entwicklung zu diskutieren. Dabei gelingt es uns zunehmend besser, das Gespräch mit den Bürgern nicht nur zur Vorbereitung, sondern auch für die Organisation der Durchführung und Kontrolle der Beschlüsse für die Entwicklung von Initiativen für praktische Veränderungen im Leben zu nutzen.

Vor kurzem haben wir die Rechenschaftslegung der Abgeordneten schwerpunktmäßig in Hausgemeinschaften unserer Stadt durchgeführt und dabei vor allem über Ergebnisse und Erfahrungen sowie über die weitere Entwicklung des „Mach-mit-Wettbewerbs" mit den Bürgern beraten. Daraus entstanden vielfältige Vorschläge, die in der Arbeit der ständigen Kommissionen und des Rates ihren Niederschlag fanden.

Im vergangenen Jahr hatten die Abgeordneten der Stadtverordnetenversammlung gemeinsam mit Mitarbeitern des Rates bei der Vorbereitung eines Beschlusses der Volksvertretung zur Unterstützung der kinderreichen Familien in mehr als 1800 Familien persönliche Gespräche geführt.

Wir meinen, diesen Weg des ständigen Gesprächs mit den Wählern zu ganz bestimmten Problemen muß man unbedingt weitergehen. Auch darum, weil kommunalpolitische Probleme ein guter Anknüpfungspunkt für die Diskussion zu Grundfragen unserer Politik sind. Gute Erfahrungen bei der engeren Verbindung des Rates mit den Bürgern haben wir mit seit 1976 regelmäßigen öffentlichen Sitzungen des Rates in Stadtteilen und Betrieben gewonnen. Und ich muß offen sagen, wir hatten eigentlich zu Beginn nicht erwartet – man mag uns anlasten, daß wir die Lage nicht richtig eingeschätzt haben –, daß wir dabei ein solch großes Echo gefunden haben. Die Erfahrungen machten auch Genossen in anderen Städten.

Wir hatten in den Stadtteilen Veranstaltungen gemacht, wo 400 Menschen kamen und die Räume nicht ausreichten. Das zeugt doch einfach davon, daß das Interesse der Menschen an der gesellschaftlichen Entwicklung in ihrer Stadt, an der Arbeit ihrer Volksvertretung, an exakter und umfassender Information, aber auch ihre Bereitschaft an der Lösung der Aufgaben mitzuwirken, zunehmend größer wird.

Für uns sind diese öffentlichen Ratssitzungen natürlich zugleich eine Rechenschaftslegung. Wir haben in vielen Gesprächen hinterher gemerkt, daß die Bürger es als sehr gut empfinden, daß sich das ganze Kollektiv des Rates den Bürgern eines Wahlkreises stellt – wenn man das mal so ausdrücken darf – ihnen die Möglichkeit gibt, alle Fragen, die sie bewegen, offen zu stellen und die Chance zu haben, eine offene Antwort – wenn auch nicht immer eine, mit der man gleich zufrieden ist – auf die Probleme zu kommen.

Wir haben gespürt, daß das für die Entwicklung des Vertrauensverhältnisses zwischen Bürgern und staatlichen Organen von nicht geringer Bedeutung ist. Natürlich haben wir uns in diesen öffentlichen Ratssitzungen immer zum Ziel gestellt, gemeinsam mit den Bürgern Entwicklungsprobleme des jeweiligen Betriebes oder des jeweiligen Stadtteiles konkret zu beraten, ihre Vorschläge und Hinweise zu hören, aber vor allen Dingen auch durch solche öffentlichen Ratssitzungen dazu beizutragen, daß die Bürger für die Durchsetzung der Aufgaben mobilisiert werden, denn das ist ja letztendlich das alles entscheidende.

Sozialistische Demokratie erschöpft sich ja nicht in Diskussionen, sondern hat letztendlich zum Ziel, daß aus der gemeinsamen Beratung die demokratische Aktion erwächst, daß die Bürger zur Teilnahme an der progressiven Veränderung der gesellschaftlichen Umstände, an der Entwicklung der Ökonomie und der materiellen und kulturellen Lebensbedingungen gewonnen werden.

Wir waren vor kurzem im Stadtteil Reutershagen. Mancher hat gesagt, mach das nicht. Dort kulminieren soviel komplizierte Probleme, auf die wir z. Z. keine ausreichende Antwort haben, das ist riskant. Aber das Risiko hat sich gelohnt.

Es ist nicht so, daß man nicht auch mit komplizierten Problemen zur öffentlichen Diskussion in den Wahlkreisen gehen kann. Die Erfahrung beweist immer wieder, wenn man den Bürgern das, was heute noch nicht geht, in aller Offenheit sagt, findet man ein offenes Ohr. Man muß natürlich deutlich machen, daß man sehr wohl zu unterscheiden weiß zwischen den dringendsten Problemen, die unbedingt gelöst werden müssen und jenen, von denen zwar auch schön wäre, wenn sie schon heute gelöst werden würden, aber die man auch später noch lösen kann, wenn die entsprechenden Möglichkeiten gegeben sind.

Wenn es in einer Wohnung durchregnet, wird man kein Verständnis dafür finden, daß das noch auf zwei Jahre vertagt wird. Aber wenn der Außenputz eines Hauses nicht mehr sehr schön aussieht, findet man sicherlich Verständnis dafür, wenn das noch nicht eingeordnet werden kann.

Gerade auf dieser öffentlichen Ratssitzung haben einige Bürger noch einmal sehr klar ausgesprochen, macht keine Versprechungen, die ihr nicht halten könnt, sagt lieber offen, wie die Lage ist und beratet mit uns, wie wir gemeinsam die Probleme schrittweise lösen können.

Die Forderung der Partei, die Arbeit der staatlichen Organe so zu organisieren, daß immer ein enger Kontakt zu den Bürgern vorhanden ist, hat für uns in den örtlichen Staatsorganen besondere Bedeutung.

Die Werktätigen messen sozialistische Demokratie nicht an der Zahl der Versammlungen und der Diskussionsredner, sondern daran, wie schnell gemeinsam mit ihnen unterbreitete Vorschläge verwirklicht werden, auf Kritik reagiert wird, wie wirksam sich ihre Initiative entfalten kann.

Ich glaube auch darum sind straffe Leitung, sind Kontrolle und Rechenschaftslegung notwendige Elemente sozialistischer Demokratie.

Wir wurden uns im Ratskollektiv bei der Auswertung der Beschlüsse des IX. Parteitages auch darüber einig, daß mit dem weiteren Voranschreiten zur entwickelten sozialistischen Gesellschaft von wachsender Bedeutung ist, die Mitarbeit der Bürger in vielen gesellschaftlichen Organen auszubauen.

Gegenwärtig nehmen 37 000 Bürger in den verschiedensten gesellschaftlichen Funktionen an der Leitung der gesellschaftlichen Angelegenheiten in unserer Stadt teil.

Diese Zahl ist das eine. Noch wichtiger ist natürlich die Frage der Qualität und Effektivität der verschiedenen ehrenamtlichen Organe und damit im Zusammenhang auch die Frage, wie es uns gelingt, in all jenen Bereichen des gesellschaftlichen Lebens die Bürger an der Leitung zu beteiligen, wo das besonders wichtig ist.

In einigen Wohnbezirken der Stadt gibt es Erfahrungen mit den Aktivs „Ordnung und Sicherheit". Das Interessante datan ist, daß diese Aktivs sich immer mehr zu gesellschaftlichen Organen entwickeln, wo nicht nur darüber diskutiert wird, wie man dieses oder jenes machen kann, sondern deren Mitglieder ganz konkret gemeinsam mit der VP und ihren freiwilligen Helfern Ordnung und Sicherheit in ihren Wohnbezirken und Stadtteilen organisieren.

Ich glaube, in dieser Richtung ständig praktische Veränderungen herbeizuführen, muß sich die Arbeit in den gesellschaftlichen Organisationen der Stadt noch stärker entwickeln.

Dabei ist eine zunehmend engere Zusammenarbeit der Volksvertretungen mit den gesellschaftlichen Organisationen, vor allem mit dem FDGB und der Nationalen Front von großer Bedeutung. Nebenbei gesagt ist es manchmal auch nicht leicht, die Arbeitsteilung richtig zu organisieren. Und es wäre sicherlich für uns eine Hilfe, wenn aus der Theorie des Staates und des Rechts auch verstärkt Anregungen dafür gegeben würden, wie sich konkret die Rolle der gesellschaftlichen Organisationen im Zusammenhang mit der Ausübung staatlicher Funktionen entwickelt wird, welche Funktionen sinnvoll durch Ausschüsse und Kommissionen der Nationalen Front und welche durch ehrenamtlich-staatliche Organe, wie z. B. Wohnungskommissionen usw. gelöst werden müßten.

Für uns in Rostock war es wichtig, zu überlegen, wie wir ohne Stadtbezirke bei einer Stadt von 230 000 Einwohnern in der täglichen Arbeit des Rates näher an die Bürger herankommen. Denn allein aus dem Rathaus, aus einer Zentrale, sind unter den heutigen unserer Stadt, die Aufgaben, wie sie sich aus den Beschlüssen des IX. Parteitages, aus der Einheit von Wirtschafts- und Sozialpolitik und der Entfaltung der sozialistischen Demokratie ergeben, nicht mehr zu lösen.

Wir haben gesagt, wir müssen einen unseren Bedingungen entsprechenden Weg suchen. Und sind den Weg gegangen, die Stadt in 12 Stadtteile zu gliedern und Außenstellen des Rates aufzubauen. Mit diesen Außenstellen wollen wir dem Bürger nicht nur erleichtern, seine Probleme an das Staatsorgan heranzutragen, u. a. weil sich sein Weg verkürzt, sondern wir wollen damit vor allem bessere Bedingungen für die Organisation der Mitwirkung der Bürger bei der Regelung der vielfältigen gesellschaftlichen Probleme in den Wahlkreisen, in den Stadtteilen schaffen. In den Stadtteilen arbeiten Referenten für Wohnungswesen, Referenten für Sozialwesen und Jugendfürsorger ihrer Fachabteilung.

Und die ersten Ergebnisse zeigen, daß diese Arbeitsweise tatsächlich zu einer umfassenden ehrenamtlichen Mitarbeit der Bürger führt.

Manchmal wurden wir gefragt, ob wir meinen, ohne gewählte Volksvertretungen in Stadtteilen auszukommen. Wir sind der Auffassung, daß wir diese Frage unter unseren konkreten Bedingungen dann zu Recht mit ja beantworten, wenn es uns gelingt, in der Tat eine wirkliche breite Teilnahme der Bürger an der Leitung der Stadt auch über den genannten Weg zu organisieren. Abgesehen davon, daß die Bildung vollfunktionsfähiger Stadtbezirke bei uns sicherlich mit unseren heutigen Effektivitätskriterien für die staatliche Arbeit in Konflikt geraten würde. Als Anmerkung sei gestattet zu sagen, daß das Wachstum einer Stadt natürlich in bestimmtem Umfang vor allem für jene Funktionen, die unmittelbar mit der Lösung von Problemen der Bürger verbunden sind, einige Mitarbeiter mehr erfordern.

Soweit zu einigen Erfahrungen, die wir bei der Verwirklichung der sozialistischen Demokratie in Erfüllung des Auftrages des IX. Parteitages gesammelt haben.

Ich möchte unterstreichen, daß vieles dabei auch auf Erfahrungen anderer Städte der

Republik beruht, die wir immer wieder versuchen, für unsere Arbeit nutzbar zu machen.

Viele Anregungen, vor allem für die Vervollkommnung der Arbeit unserer Volksvertretung, vermittelte uns der intensive Erfahrungsaustausch mit den Genossen aus Riga, unserer sowjetischen Partnerstadt.

Vieles, was ich hier darlegte, sind erste Erfahrungen und wir sind uns im Ratskollektiv einig darüber, daß wir allen Grund haben, ständig kritisch das Erreichte zu prüfen und ständig darum zu ringen, den wachsenden Ansprüchen an die staatliche Arbeit gerecht zu werden. Bei der Lösung alll unserer Aufgaben spüren wir täglich von neuem, wie die auf das Wohl des Volkes gerichtete Politik unserer Partei dazu führt, daß die Arbeiter auf den Werften, imHafen, in den Flotten, auf den Baustellen, daß alle Werktätigen auch unserer Stadt mit größerer Aktivität an der Gestaltung der entwickelten sozialistischen Gesellschaft teilnehmen. Die Vorbereitung des 30. Jahrestages unseres sozialistischen Staates der Arbeiter und Bauern wird dabei gewiß neue vielfältige Initiativen auslösen und auch unübersehbar die Überlegenheit unserer sozialistischen Demokratie unter Beweis stellen.

John Lekschas
Karl A. Mollnau

Zur Problematik der revolutionären sozialistischen Gesetzlichkeit

Behandelt man heute Probleme der sozialistischen Gesetzlichkeit, muß man berücksichtigen, daß in den 60 Jahren der Existenz der sozialistischen Sowjetmacht und seit der Herausbildung des sozialistischen Weltsystems eine wohlausgewogene Theorie über die revolutionäre sozialistische Gesetzlichkeit entstanden ist. Sie hat in der Gestaltung der Rechtsordnung der verschiedenen sozialistischen Staaten und der ihr entsprechenden Praxis des Lebens, besonders des Verhältnisses von staatlichen Organen und Bürgern zum Recht und seiner strikten Einhaltung ihre Verwirklichung gefunden. Es gibt keinen sozialistischen Staat, keine kommunistische Partei in diesen Staaten, die nicht die alles überragende Bedeutung der Gesetzlichkeit in einer nicht mehr zu zählenden Fülle von Beschlüssen und Dokumenten ständig und immer wiederkehrend betont hätten. Gemessen an dem zur absoluten Leerformel gewordenen Gerede bürgerlicher Ideologen und Politiker vom sogenannten Rechtsstaat hat schon in den ersten Jahren der Existenz der Sowjetmacht und dann in den später entstandenen sozialistischen Staaten das Prinzip der Gesetzlichkeit einen noch nie gekannten Stellenwert erlangt. Bereits 1919 schrieb Lenin anläßlich des Sieges über Koltschak einen Brief an die Arbeiter und Bauern, worin er mahnte:

„Um Koltschak und Denikin vollständig zu vernichten, ist es notwendig, die strengste revolutionäre Ordnung zu wahren, ist es notwendig, die Gesetze und Anordnungen der Sowjetmacht gewissenhaft zu befolgen und darauf zu achten, daß sie von allen eingehalten werden."[1] Mit anderen Worten: Der Sieg einer jeden sozialistischen Revolution über die Konterrevolution verlangt strengste revolutionäre Disziplin und Wachsamkeit. Diese von Lenin formulierte Erkenntnis hat für die heute festgefügten sozialistischen Staaten nichts an Aktualität verloren, auch wenn die Bedingungen sich gewandelt haben. In der Auseinandersetzung mit dem gegenwärtigen Imperialismus und seiner ideologischen Diversion bleibt die Einhaltung der zum Schutze der sozalistischen Staats- und Gesellschaftsordnung geschaffenen Gesetze, die Wachsamkeit gegenüber allen Anschlägen auf diese ein unabdingbares Gebot. Das Prinzip der Gesetzlichkeit gründet sich, jedoch, wie aus Lenins Arbeiten und Wirken hervorgeht, keineswegs allein auf die Notwendigkeit der Abwehr der Konterrevolution – so ungeheuer wichtig und lebensnotwendig dies auch ist. Bereits zwei Jahre nach dem zitierten Brief stellte er auf dem IX. Gesamtrussischen Sowjetkongreß eine These auf, deren theoretische Bedeutung wir uns immer wieder auf das neue verdeutlichen müssen, da sie gerade auch für die entwickelte sozialistische Gesellschaft, die sich anschickt, die Grundlagen für den allmählichen Übergang zum Kommunismus zu schaffen, von grundlegender Bedeutung ist. Er sagte: „Je mehr wir in Verhältnisse eintreten, die feste und sichere Machtverhältnisse sind, je stärker sich der Warenumlauf entwickelt, desto nachdrücklicher muß die entschiedene Losung der Verwirklichung größerer revolutionärer Gesetzlichkeit in den

Vordergrund gerückt werden ..."[2] Und schließlich – das ist so bekannt und von Lenin so oft ausgesprochen und gefordert worden, daß auf Zitate verzichtet werden kann – erachtete Lenin die strikte Einhaltung der Gesetzlichkeit als ein unabdingbares Erfordernis im Kampf gegen Rechtsverletzungen und Kriminalität, um die Entwicklung der inneren Ordnung und neuer sozialistischer zwischenmenschlicher Beziehungen zu sichern. Er hat sich hierüber schon in seinem Werk „Staat und Revolution"[3] prinzipiell geäußert und später diese Prinzipien den Entwicklungsbedingungen angepaßt und weiter konkretisiert. In dem Maße, wie die sozialistischen gesellschaftlichen Verhältnisse sich in der Sowjetunion quantitativ und qualitativ entwickelten, ausprägten und immer tiefere Wurzeln im gesamten gesellschaftlichen Leben schlugen, entwickelte sich auch die Theorie der sozialistischen Gesetzlichkeit.

Ohne etwa den Versuch zu unternehmen, auch nur andeutungsweise eine Zusammenfassung der bisherigen Theorie der Gesetzlichkeit zu geben, läßt sich sagen, daß das Prinzip der Gesetzlichkeit drei Grundziele verfolgt:

1. Die Sicherung und Festigung der politischen Macht der Arbeiterklasse und ihrer Verbündeten gegenüber allen Anschlägen der imperialistischen Bourgeoisie und ihren Helfern im jeweiligen Lande.

Diese Aufgabe, die zunächst im Vordergrund stand und hervorragende Bedeutung bis zum vollen Sieg der sozialistischen Produktionsverhältnisse behielt, ist in ihrer quantitativen, nicht qualitativen Bedeutung nach den 6 Jahrzehnten Herrschaft der Sowjetmacht und mit der Herausbildung eines starken, in sich festgefügten sozialistischen Lagers in Europa gegenüber anderen Aufgaben des weiteren sozialistischen und kommunistischen Aufbaus zurückgetreten, wenngleich die vom Weltimperialismus ausgehenden Gefahren auch in keinem Augenblick und keiner Beziehung – weder militärischen noch ideologischen – unterschätzt werden dürfen.

2. Die Sicherung und Festigung der sozialistischen Staats- und Rechtsordnung und der durch sie für alle Werktätigen gegebenen Sicherheit und Geborgenheit gegenüber der Kriminalität und anderen Rechtsverletzungen.

Hier haben alle sozialistischen Länder schon beträchtliche Erfolge erzielt und durch den Kampf für die strikte Wahrung der Gesetzlichkeit das Leben für alle Bürger sicherer gemacht sowie Bedeutendes für die Durchsetzung sozialistischer Lebensprinzipien, die kriminellem Verhalten entgegengesetzt sind, geleistet.

Es handelt sich hier jedoch um eine Aufgabenstellung auch des Kampfes um die Durchsetzung sozialistischer Gesetzlichkeit – wenn auch nicht allein darum –, die noch über einen sehr langen Zeitraum bestehen und bis weit in den Aufbau des Kommunismus hineinreichen wird, bis eben die Menschen – wie Lenin in „Staat und Revolution" es ausdrückte – es gelernt haben und „sich nach und nach *gewöhnen werden,* die elementaren, von alters her bekannten und seit Jahrtausenden in allen Vorschriften gepredigten Regeln des gesellschaftlichen Zusammenlebens einzuhalten".[4]

3. Sicherung, Festigung und Steuerung der planmäßigen sozialistischen revolutionären Umwälzung und Weiterentwicklung im gesamten sozial-ökonomischen und sozial-kulturellen Bereich unter Beachtung der Notwendigkeit, zunehmend die objektiven Gesetze der Gesellschaftsentwicklung und der die wechselwirkenden Aktionen der Menschen über die Setzung und Gestaltung des Rechts beherrschen zu lernen.

Es ist eine Aufgabe, die neue ökonomische Politik, die zwar von Beginn an stand und eben deshalb von Lenin gerade im Zusammenhang mit der NÖP entwickelt wurde, die aber mit jedem Fortschritt, den die sozialistische Entwicklung in der Ökonomie und im sozial-kulturellen Bereich nahm, zunehmend an Bedeutung gewann. Die Bedeutung des Prinzips der Gesetzlichkeit wächst in diesem Zusammenhang mit der Rolle, die das Recht als Instrument zur Leitung und Steuerung sozialer Prozesse selbst spielt.

Im Zusammenhang mit der These, daß die Rolle der Gesetzlichkeit mit der wachsenden Rolle des Rechts in der sozialistischen Gesellschaft an Bedeutung gewinnt, taucht schon ein erstes grundlagentheoretisches Problem auf, nämlich: Welches sind die spezifischen objektiven Grundlagen, die einen größeren Einsatz des Rechts und der Gesetzlichkeit besonders bei der Gestaltung der entwickelten sozialistischen Gesellschaft – also *nach* dem Sieg der sozialistischen Produktionsverhältnisse – notwendig machen. Zu einem Zeitpunkt also, da ein wichtiger Schritt auf dem Wege zur angestrebten sozialökonomischen Homogenität der Gesellschaft getan wurde. Um diesen Sachverhalt zu klären, reicht es nicht aus, lediglich auf den Fortbestand sozial-ökonomischer Ungleichheit hinzuweisen. Unseres Erachtens ist für die tendenzielle Zunahme der Rolle des sozialistischen Rechts und der sozialistischen Gesetzlichkeit ein Komplex von Faktoren ursächlich.

Mit der Durchsetzung der sozialistischen Produktionsverhältnisse und der Überwindung des Antagonismus zwischen Kapital und Arbeit, wurde die Möglichkeit eröffnet, den Prozeß der erweiterten Reproduktion entsprechend den ihm eigenen objektiven Gesetzen zu gestalten und zu leiten. Das bringt neue Anforderungen an die subjektive Seite des revolutionären Prozesses mit sich.

Die Möglichkeit, die objektiven Gesetze des Sozialismus im gesamtgesellschaftlichen Maßstab auszunutzen, kann nicht Wirklichkeit werden, ohne einerseits bei der Gestaltung der entwickelten sozialistischen Gesellschaft den Einsatzbereich des Rechts auszudehnen und ohne andererseits das wissenschaftlich-inhaltliche Niveau des Rechts selbst zu erhöhen. Daß nun in der sozialistischen Gesellschaft die Ausnutzung der objektiven Gesetze nur dann funktioniert, wenn die rechtlichen Regelungsmechanismen verstärkt eingesetzt werden, hängt wiederum mit der Sozialstruktur des Sozialismus sowie mit der Tatsache zusammen, daß der Aufbau des Sozialismus in jedem Lande integrierender Bestandteil des Klassenkampfes zwischen Imperialismus und Sozialismus ist.

Die infolge der Schaffung des sozialistischen Eigentums an Produktionsmitteln erreichte gleichartige Stellung aller zu den Produktionsmitteln und die darauf basierende Übereinstimmung der grundlegenden Interessen zwischen den befreundeten Klassen und Schichten, darf nicht als vollständige soziale Gleichheit interpretiert werden. Die Existenz von verschiedenen Formen des Eigentums im Sozalismus, die Existenz von Klassen und Schichten, hat vielmehr die soziale Ungleichheit zur Folge, die sich in unterschiedlichen Teilinteressen und Interessenwidersprüchen ausdrückt.

Die spezifische Rolle, die das sozialistische Recht bei der Ausnutzung objektiver Gesetze bei der Gestaltung der entwickelten sozialistischen Gesellschaft spielt, beruht u. a. auch auf der Fortexistenz von Teilinteressen, der realen Möglichkeit von nicht antagonistischen Konflikten zwischen ihnen und ihrer Lösbarkeit auf der Basis einer sich fortschreitend erhöhenden Übereinstimmung zwischen den grundlegenden Interessen der Arbeiterklasse, der Genossenschaftsbauern und der Intelligenz. Es ist deshalb nicht unzutreffend, wenn gesagt wird, bei der Festlegung von rechtlichen Handlungsaufforderungen werde eine Abweichung von den gesellschaftlichen Interessen im vermeintlichen oder echten eigenen Interesse als möglich und als eine sine qua non vorausgesetzt, weshalb das Recht unbedingt auch auf Vorhersehbarkeit von Interessenkonflikten, deren Lösung im gesellschaftlichen Interesse zu gewährleisten sei, aufbaue.[5]

Das sozialistische Recht ist eine notwendige innere Bedingung für die Verwirklichung der objektiven Gesetze im Sozialismus. Infolge der Existenz von Klassen und Schichten in der neuen Gesellschaft kann die bewußte Ausnutzung der sozialen Gesetze ohne rechtliche Regulationsmechanismen nicht organisiert werden. Die wachsende Rolle des sozialistischen Rechts ist untrennbar mit den zunehmenden Möglichkeiten und Notwendigkeiten verbunden, die objektiven Gesetze des Sozialismus bewußt zu nutzen und der Leitung der Gesellschaft zugrunde zu legen. Unter diesen Umständen ist es selbst eine Gesetzmäßigkeit, daß die juristische Gesetzlichkeit zu erkannter sozialer Gesetzmäßigkeit wird. Das sozialistische Recht und seine Handhabung zeigen den Grad der tatsächlichen Beherrschung objektiver Gesetze mit Hilfe der politischen Organisation der sozialistischen Gesellschaft an.

Die Zunahme des Funktionsbereiches des sozialistischen Rechts und der Gesetzlichkeit ist ursächlich mit der bewußten Ausnutzung der objektiven Gesetze im Zusammenhang zu sehen. Sie macht deutlich, daß die wachsende Rolle des Rechts und der Gesetzlichkeit nicht einfach die Folge einer ständigen Zunahme des Umfangs und der Anzahl rechtlich zu regelnder Verhältnisse ist. Wachsende Rolle des sozialistischen Rechts heißt vor allem, die Qualität der rechtlichen Regelung und ihrer gesellschaftlichen Wirksamkeit zu erhöhen.

Es kann indessen nicht übersehen werden, daß sich in bestimmten Richtungen auch der Regelungsgegenstand des sozialistischen Rechts in der entwickelten sozialistischen Gesellschaft erweitert. Dafür sind zwei Gründe maßgeblich.

Zum ersten: Infolge der Höherentwicklung der sozialistischen Produktionsverhältnisse werden die sozialen Beziehungen vielfältiger, bereits bestehende rechtliche Regelungen und die darin enthaltenen Rechte und Pflichten können inhaltlich erweitert und ergänzt werden. Dies kann auch dazu führen, daß gänzlich neue Rechtsinstitute entwickelt werden müssen, um die tatsächlichen gesellschaftlichen Beziehungen und ihren veränderten Inhalt juristisch adäquat zum Ausdruck zu bringen. Ein Beispiel dafür ist der im neuen Arbeitsgesetzbuch vorgesehene Überleitungsvertrag, der das Recht auf Arbeit in seiner juristischen Ausgestaltung entsprechend den erreichten gesellschaftlichen Möglichkeiten fortentwickelt.[6]

Zum zweiten: Im Ergebnis bestimmter sozialer Prozesse und Veränderungen bilden sich neue gesellschaftliche Beziehungen heraus, die aufgrund ihrer objektiven Eigenschaften und der Interessen, die sie repräsentieren, rechtlicher Regelung bedürfen. Dabei bilden sich mitunter auch ganze Komplexe solcher Verhältnisse heraus, was zur Entwicklung von früher nicht vorhandenen Rechtsgebieten wie des Weltraumrechts[7] oder des Umweltschutzrechts führt.

Ein anderes Beispiel sind die gesellschaftlichen Beziehungen, die angesichts des medizinisch-technischen Erkenntnisfortschritts bei der Organtransplantation entstehen, etwa die Beziehungen zwischen Arzt und Organspender, Arzt und Verwandten des Organspenders usw., die unter bestimmtem Aspekt in juristische Pflichten und Rechte transformiert werden müssen.[8]

Allerdings wäre es vereinfacht, zwischen wachsender Rolle des sozialistischen Rechts und quantitativen Wachstum des rechtlichen Regelungsgegenstandes eine lineare Beziehung zu sehen.

In der sozialistischen Gesellschaft gibt es nämlich auch gegenläufige Tendenzen, die zu einer quantitativen Einschränkung des Regelungsgegenstandes führen. Zahlreiche gesellschaftliche Verhältnisse, die gestern rechtlich geregelt werden mußten, werden z. B.

durch den weiteren sozialistischen Aufbau beseitigt, womit ihre rechtliche Regelungsnotwendigkeit natürlich entfällt. So z. B. die zahlreichen Regelungen, die infolge der Umgestaltung der halbstaatlichen Betriebe in der DDR nach dem VIII. Parteitag gegenstandslos wurden, was auch verfassungsrechtliche Konsequenzen hatte.[9]

Der Regelungsgegenstand des sozialistischen Rechts ist eine dynamische Größe. Die rechtliche Regelungsnotwendigkeit gesellschaftlicher Verhältnisse, ihre Dauer sowie ihre Art und Weise hängen von vielen Faktoren und Einflüssen ab. Auch gibt es Überschneidungen zwischen dem Regelungsbereich des sozialistischen Rechts und den anderer normativer Systeme, besonders mit dem der Moral. So gibt es beispielsweise im sozialistischen Familienrecht eine Reihe gesellschaftliche Beziehungen, die sowohl von der Moral als auch vom Recht geregelt werden. Wann und unter welchen Umständen das Handeln der Menschen vom Recht und/oder von der Moral geregelt werden muß, ist nicht in erster Linie ein Problem der Wechselbeziehungen zwischen Rechts*normen* und Moral*normen*, sondern der Entwicklung der Wechselbeziehungen ihrer Regelungsgegenstände. Das ist eine Konsequenz der sozial-ökonomischen Determiniertheit von Moral und Recht. Die tatsächliche Entwicklung des rechtlichen Regelungsgegenstandes in der sozialistischen Gesellschaft macht deutlich, daß der juristische Regelungsmechanismus nicht durch andere Methoden der sozialen Regelung, wie der Moral, verdrängt wird. Thesen, die behaupten, der Wirkungsbereich der rechtlichen Regelung müsse in der entwickelten sozialistischen Gesellschaft zugunsten der Moral eingeschränkt werden, sind rechtssoziologisch schwerlich zu belegen. Denkt man diese Thesen übrigens zu Ende, kommt man, wie uns scheint, sehr in die Nähe jener von der Praxis längst widerlegten Behauptungen vom Absterben des sozialistischen Staates nach dem Sieg der sozialistischen Produktionsverhältnisse.

In Wirklichkeit geht es vielmehr darum, daß im Rahmen der wachsenden Rolle des subjektiven Faktors nicht nur die Rolle des Rechts, sondern auch die der Moral und aller anderen Systeme sozialer Normen im Wachsen begriffen ist. Dabei ist das verstärkte Zusammenwirken, das intensivere wechselseitige Durchdringen der verschiedenen sozialen Regelungsmechanismen bei der Organisierung gesellschaftlichen und individuellen Handelns, das auf Einsicht in objektiven Notwendigkeiten aufbaut und diesen entspricht, ein Merkmal der entwickelten sozialistischen Gesellschaft.

Die Betrachtung der wachsenden Rolle des sozialistischen Rechts und der sozialistischen Gesetzlichkeit im Zusammenhang mit dem Wirken und der bewußten Ausnutzung der objektiven Gesetze des Sozialismus, macht auch weltanschauliche Seiten des Vorganges sichtbar. Indem das sozialistische Recht ein notwendiges und unentbehrliches Instrument, zur Beherrschung der objektiven Gesetze der sozialistischen Gesellschaft darstellt, ist es zugleich ein notwendiges Element der gesellschaftlichen Freiheit. Gleichermaßen bedeutsam ist das sozialistische Recht für die Realisierung der persönlichen Freiheit. Dies ist schon deshalb der Fall, weil die gesellschaftliche Freiheit eine wesentliche Seite der persönlichen ist. Auch die persönliche Freiheit ist nur als erkannte und verwirklichte Notwendigkeit existent. Sie ist die Freiheit der Werktätigen, ihre Fähigkeiten zu entfalten, ihre persönlichen Interessen zu befriedigen und damit einen individuellen Beitrag zur Realisierung des gesellschaftlichen Fortschritts zu leisten.

Die erkannten Notwendigkeiten im Handeln der Gesellschaftsmitglieder durchsetzen zu helfen, ist Auftrag und Ziel des sozialistischen Rechts. Deshalb sind diesem Recht seinem Wesen nach Gegensätze zwischen Recht und persönlicher Freiheit, Recht und Ordnung fremd. Sie hingegen gehören zum bürgerlichen Recht und führen dort immer wieder und gerade heute angesichts der wachsenden Bedeutung, die das bürgerliche Recht im staatsmonopolistischen Herrschaftssystem einnimmt, zu der Fragestellung, ob und wie gesellschaftliche Räume vom bürgerlichen Recht freigehalten werden können.[10]

Die Zunahme der Bedeutung der sozialistischen Gesetzlichkeit als soziale Tendenz gerade auch bei der Gestalt der sozialistischen Gesellschaft bringt eine Reihe von Problemen mit sich, die durchaus noch nicht alle befriedigend gelöst wurden. Dabei geht es nicht, wie wir meinen, darum, noch bessere Formen, noch differenzierte Verästelungen des Prinzips der Gesetzlichkeit zu finden und entsprechende Begriffsbildungen vorzunehmen. Die Begriffsbestimmung der sozialistischen Gesetzlichkeit, wie sie in der SU erarbeitet wurde und derzufolge Gesetzlichkeit ein allgemeines Verhaltensprinzip ist, das Staat und Bürger gleichermaßen angeht, das sowohl bestimmte Anforderungen an die Rechtsverwirklichung wie die Rechtssetzung beinhaltet[11] ist vielmehr als allgemeine begriffliche Grundlage geeignet, um die anstehenden Probleme zu erörtern.

Weitgehend gelöst – wenn auch nicht endgültig – endgültige Lösungen auf dem Gebiet der gesellschaftlichen Tätigkeit gibt es schließlich überhaupt nicht – ist das Problem der Gesetzlichkeit in der Tätigkeit unserer Justiz- und Sicherheitsorgane im Kampf gegen konterrevolutionäre Anschläge und gegen die allgemeine Kriminalität. Im Strafgesetzbuch, dem Gerichtsverfassungsgesetz und der Strafprozeßordnung haben wir ausgewogene, erprobte, gut durchkonstruierte Instrumente, deren korrekte Beachtung und Handhabung uns gesicherte Erfolge bringen wird. Selbstredend gibt es auch hier nicht wenig Probleme der konsequenten Verwirklichung der Gesetzlichkeit. In diesem Beitrag aber sollen sie zugunsten anderer in den Hintergrund treten.

Schon wesentlich problemreicher wird die Gesetzlichkeitsfrage im Zusammenhang mit der Vorbeugung der Kriminalität. Verfassung, Strafgesetzbuch, Jugendgesetz und eine Reihe anderer Normativakte stellen eine ganze Anzahl von Postulaten über die Verantwortung staatlicher und gesellschaftlicher Organe für die Vorbeugung der Kriminalität und die Erziehung von Rechtsverletzern auf. Es werden Wege gesucht werden müssen, wie diese Verantwortung zu realisieren ist, wie die vorbeugende Tätigkeit nicht getrennt von der gesellschaftsgestaltenden Arbeit der staatlichen und gesellschaftlichen Organe als lästige Nebentätigkeit nebenherläuft, die bei der „eigentlichen" Aufgabenerfüllung störend wirkt. Besonders schwierige Probleme stellen sich bei der sogenannten konkreten kriminologischen Vorbeugungsarbeit gegenüber einzelnen Personen oder bestimmbaren Personengruppen, die als erkennbar kriminell gefährdet erscheinen und bei denen es gilt, nicht so sehr zu administrativen Maßnahmen zu greifen, als ihnen Lebenshilfen zu geben und dabei die in der sozialistischen Gesellschaft teilweise noch schlummernden Erziehungskräfte so zur Geltung zu bringen, daß dabei die staatsbürgerlichen Rechte auch solcher gefährdeter Personen nicht geschmälert werden. Jedoch auch davon soll hier nicht weiter die Rede sein, wenngleich nicht übersehen werden darf, daß mit dieser Problematik schon eine Grenzfrage angeschnitten wird, die das eingangs genannte dritte Grundziel der sozialistischen Gesetzlichkeit tangiert.

Hinter diesen der Wissenschaft zu geläufigen Formulierungen, die sich aus den Werken und Arbeiten der Klassiker des Marxismus-Leninismus und den Beschlüssen der Partei, nicht zuletzt aus unserem eigenen Programm des IX. Parteitages ergeben, stecken jedoch eine Reihe von Problemen, die hier nicht vollständig ausgeführt, sondern nur angedeutet werden können. Diese ergeben sich allerdings weniger aus der Theorie selbst als vielmehr aus der Praxis des gesellschaftlichen Lebens, weshalb es eben für die Theorie – will sie wirklich gesellschaftswirksam sein – so wichtig ist, dieses Leben zu studieren und es mit den idealisierten Aussagen der Theorie zu vergleichen, um daraus Schlüsse herzuleiten, die die Theorie zu einer Anleitung zum Handeln macht. Zu einem ersten Problem:

Wenn das Prinzip der Gesetzlichkeit mit dem sozialistischen Recht selbst untrennbar verbunden ist, dann stellt die konsequente Durchsetzung dieses Prinzips hohe Anforderungen an die Qualität des Rechts selbst. Das sozialistische Recht ist für uns ein Ausdruck des Willens der herrschenden Arbeiterklasse und ihrer Verbündeten zur Durchsetzung des beim weiteren Aufbau des Sozialismus und Kommunismus Notwendigen. Es besteht ein enger Zusammenhang zwischen dem sozialistischen Recht und den objektiven Gesetzen der Gesellschaftsentwicklung und deren Erfordernissen. Klarheit besteht für uns auch, daß das Recht eine subjektive Erscheinung und als solche wiederum auch keineswegs eine direkte Abspiegelung objektiver Gesetze ist, sondern zwischen beiden Erscheinungen vermittelnde Glieder liegen, die in ihrer konkreten Gestalt und in ihrem Wirkungsmechanismus noch keineswegs voll erkannt sind. So richtig es ist, daß das Recht der zum Gesetz erhobene Wille der herrschenden Arbeiterklasse und ihrer Verbündeten ist – und so sehr wir diese Grunderkenntnis auch gegen alle revisionistischen und bürgerlichen Theorien zu verteidigen haben – so wenig dürfen wir übersehen, daß wir in keiner sogenannten unmittelbaren Demokratie leben, wenn es diese überhaupt je gegeben hat und nicht nur eine Idealisierung einer fernen Vergangenheit im Kampf für eine bessere (damals bürgerliche) Gegenwart war. Damit aber ist *mit* dem Erlaß von Normativakten auf zentraler wie örtlicher Ebene die Aufgabe gestellt, das Recht an die Massen heranzutragen und es zum wirklichen Willen der Massen oder der von ihm begrenzt tangierten Gruppen von Werktätigen und Bürgern zu machen. Es wäre einer der größten Fehler, anzunehmen, daß mit einer richtigen Definition des Rechts und seines Wesens schon die ganze Arbeit vollbracht wäre. In Erkenntnis eben dieses Problems ist ja dann auch der Beschluß des Politbüros zur Rechtserziehung und Rechtspropaganda ergangen. Dabei geht es unter dem Aspekt der sozialistischen Gesetzlichkeit keineswegs um eine vordergründige Agitation, sondern *erstens* um die Rechtserziehung, die engstens mit der ethischen Bildung und Erziehung der Menschen verbunden werden muß. Es geht *zweitens* um sachkundige, differenzierte und gezielte Information, Aufklärung und Erläuterung – verbunden mit geduldiger Überzeugungsarbeit – über das sozialistische Recht. Es darf dabei nicht übersehen werden, daß jede Rechtsnorm, die der weiteren Entwicklung und Gestaltung der sozialistischen Beziehungen der Menschen dient, auf einen bestimmten Bewußtseinsstand der Massen trifft, der nicht a priori mit dem politisch-ideologischen Inhalt der Rechtsnormen übereinstimmen muß und der sich mit dem Erlaß solcher Normen nicht automatisch ändert. Will man Gesetzlichkeit im Handeln der Bürger und auch der Staatsfunktionäre erreichen, so muß man notwendig dafür auch die politisch-ideologischen Grundlagen schaffen. Darauf hat Lenin nicht nur einmal, sondern beständig hingewiesen, wenn er von der Notwendigkeit geduldiger Überzeugungsarbeit sprach. U. E. liegen hier Potenzen, die unsere rechtssetzenden Organe bei weitem noch nicht ausgeschöpft haben. Es müßten daher mit dem Erlaß von Rechtsnormen, die von einiger Bedeutung sind, auch Beschlüsse verbunden sein, wie sie in ihrem politisch-ideologischen und sachlichen Inhalt an tangierte Bevölkerungskreise heranzutragen sind, um ein einheitliches Handeln zu sichern.

Das Prinzip der Gesetzlichkeit ist an das sozialistische Recht gebunden. Eine Lösung dieser Bindung würde Anarchie bedeuten. Die Forderung nach strikter Einhaltung der Gesetzlichkeit setzt aber auch ein Recht voraus, dessen Einhaltung die ungehinderte gesellschaftliche Entwicklung fördert, die Planmäßigkeit dieser Entwicklung gewährleistet, die Komplexität der Gesellschaftsentwicklung – d. h. die wechselseitige Abhängigkeit der verschiedenen Lebensprozesse und die Wechselwirkung dieser untereinander beachtet und auf Reibungslosigkeit des Ablaufs der Prozesse bedacht ist bzw. bei Konflikten Möglichkeiten zu ihrer Lösung schafft.

Mit dem Aufbau der sozialistischen Gesellschaft beginnen wir eine Aufgabe zu lösen, die von Engels im Anti-Dühring wie folgt formuliert wurde: „Der Umkreis der die Menschen umgebenden Lebensbedingungen, der die Menschen bis jetzt beherrschte, tritt jetzt unter die Herrschaft und Kontrolle der Menschen, die zum ersten Male bewußte, wirkliche Herren der Natur, weil und indem sie Herren ihrer eigenen Vergesellschaftung werden. Die Gesetze ihres eigenen gesellschaftlichen Tuns, die ihnen bisher als fremde, sie beherrschende Naturgesetze gegenüberstanden, werden dann von den Menschen mit voller Sachkenntnis angewandt und damit beherrscht."[12] Die Gesetzlichkeit wird zu ihrer höchsten Effektivität gelangen, wenn sich diese Beherrschung der „Gesetze des eignen gesellschaftlichen Tuns" im Recht und der Rechtsetzung selbst ausdrückt. Damit aber sind hohe Ansprüche an die Gesetzgebung, an die Normsetzung, an die Theorie der Gesetzgebung, an die Rechtsnormen und an ihren Wirkungsmechanismus verbunden. Denn nur dann, wenn die „Gesetze des eignen gesellschaftlichen Tuns" ihre der Eigenart der Rechtsnormen entsprechende adäquate Widerspiegelung im Recht finden, kann vermittels strikter Durchsetzung der Gesetzlichkeit auch eine Beherrschung dieser Gesetze gesellschaftlichen Handelns erreicht werden, die – wie Engels es sagte – eben volle Sachkenntnis verlangt. Auf diesem Gebiet aber – so scheint es uns – sind wir theoretisch im Verzug. Das betrifft sowohl die Theorie der Gesetzgebung als auch die Theorie der Wirkungsweise von Rechtsnormen und die Analyse der Wirksamkeit des Rechts. Dabei sollte darüber Klarheit bestehen, daß Sachkenntnis nicht der sogenannten Expertenkenntnis gleichzusetzen ist, sondern echte „Sachkenntnis" bei der Normsetzung nur durch die sinnvolle Einbeziehung des werktätigen Volkes bzw. von Kollektiven der Werktätigen zu gewinnen ist. Es gibt nicht wenig Normen aus Verordnungen, Anordnungen oder Weisungen, die ein klägliches Ende genommen haben, nur weil sie – von Experten zwar gut erdacht oder gut gemeint – letztlich doch am Leben vorbeigingen, da man es eben verabsäumt hatte, diejenigen Werktätigen in die Meinungsbildung einzubeziehen, die sie zu verwirklichen hatten und nunmehr, wie angeordnet, nicht verwirklichen konnten.

In vielen sozialistischen Ländern wird an einer solchen praktisch durchsetzbaren Theorie der Gesetzgebung gearbeitet. Auch wir in der DDR sollten uns diesen Fragen stärker zuwenden und sie sowohl in der Rechtstheorie als auch in den Rechtszweigwissenschaften systematisch bearbeiten. Wir erfüllen damit ein dringendes Bedürfnis der Praxis, denn die Ausarbeitung von Regeln, von normativen Bestimmungen des Gesetzgebungsprozesses steht auf der Tagesordnung.

Dabei wäre u. E. auch nach Wegen zu suchen, die gewährleisten, daß die Rechtsnormen und das ganze Rechtssystem mit seinen Verhaltensanforderungen an die staatlichen Organe und an die Bürger den sich aus den Gesetzen der Gesellschaftsentwicklung ergebenden objektiven Erfordernissen, gemessen an den Realitäten unserer gesellschaftlichen Wirklichkeit und den darin liegenden realen Möglichkeiten, besser gerecht wird. Eine solche Aufgabe ist schon allein kein juristisches bzw. nur z. T. ein juristisches Problem, sondern eine Frage der Organisierung der staatlichen Willensbildung auf der Basis wissenschaftlich begründeter Analyse, Voraussicht und Erkenntnis sowohl der materiellen, ideologischen als auch sozial-demographischen Prozesse in ihrer Komplexität einschließlich der Möglichkeit des Auftretens von Konfliktsituationen und der Ausarbeitung von Varianten zu ihrer optimalsten Behebung. Nur wenn das getan wird, wird es möglich sein, dem uns oft entgegengehaltenen Einwand begegnen zu können, daß manche der geltenden Rechtsnormen geradezu zu ihrer Verletzung herausfordern, weil sie der Erfüllung gestellter Aufgaben entgegenstünden und ein „Arbeiten nach Vorschrift" eine Art Stillstand in der Entwicklung erzeugen würde.

So wichtig die Qualität des sozialistischen Rechts für die weitere Durchsetzung der sozialistischen Gesetzlichkeit ist, so einseitig wäre es, in dieser Qualität den einzig ausschlaggebenden Faktor für die Durchsetzung der sozialistischen Gesetzlichkeit zu sehen. Mit der Qualität eines Gesetzes wird nicht ohne weiteres garantiert, daß die Grundziele der sozialistischen Gesetzlichkeit tatsächlich erreicht werden. Eine hohe Qualität des sozialistischen Rechts ist zwar eine notwendige, aber noch keine hinreichende Bedingung für die Durchsetzung der sozialistischen Gesetzlichkeit. Ob nämlich das sozialistische Recht so wirkt, daß tatsächlich die Gesetzlichkeit durchgesetzt wird, hängt gleichfalls von anderen Faktoren ab. Es sind vielfach Faktoren nicht juristischer Natur, die auf den Prozeß des Wirkens des Rechts Einfluß nehmen. Nicht nur das Recht ist eine gesellschaftliche Erscheinung, die durch die Entwicklung der Ökonomie und das dadurch bedingte Kulturniveau bestimmt ist, sondern auch sein Wirken. Das bedeutet aber, das Wirken des sozialistischen Rechts nicht nur als juristischen, sondern als *sozialen* Vorgang zu analysieren. Die bisher erarbeiteten Positionen zur Rechtsverwirklichung und Rechtsanwendung lassen hier viele Fragen offen. Ohne diese traditionellen Kategorien hier infrage stellen zu wollen, sind doch ernste Zweifel am Platze, ob mit ihrer Hilfe das Wirken des sozialistischen Rechts in seiner sozialen Komplexität überhaupt erfaßt werden kann. Das Wirken des sozialistischen Rechts in seiner sozialen Komplexität zu erfassen bedeutet:

a) es in den Mechanismus der Ausnutzung der objektiven Gesetze einzuordnen,
b) es in seinen Wechselbeziehungen zur Entwicklung und zum Funktionieren aller Glieder des politischen Systems zu analysieren,
c) es unter dem Aspekt der objektiven und subjektiven gesellschaftlichen Bedingungen rechtsnormengemäßen wie rechtswidrigen Handelns zu erörtern,
d) es von der Seite seiner individual- und sozialpsychologischen Regulationsmechanismen sowie seinen persönlichkeitsformenden Einflüssen zu betrachten.

Es liegt auf der Hand, daß diese und andere ähnliche Fragestellungen nicht angegangen werden können, wenn die Rechtsnormen zum Ausgangs- und Endpunkt des Wirkens des sozialistischen Rechts gemacht wird. Besonders unter dem Aspekt der Sicherung der Gesetzlichkeit bei der Durchsetzung des sozialistischen Rechts müssen die verschiedenen Bedingungen, die das Wirken des Rechts hemmen oder fördern, ins Blickfeld gerückt werden. Diese Bedingungen sind äußerst vielfältig. Um einen konkreten rechtlichen Wirkungsprozeß näher zu erforschen, wird es deshalb notwendig sein, die jeweiligen Bedingungen, die einen bestimmten rechtlichen Wirkungsprozeß beeinflussen, herauszufinden. So sind z. B. die Wirkungsbedingungen von rechtlichen Regelungen aus dem Ordnungswidrigkeitsrecht, deren Wirken in ihrer Nichtverletzung besteht, anders als die des Vertragsgesetzes. Noch wieder anders sind sie, wenn das Recht freiwillig eingehalten wird oder wenn ein Organ der staatlichen oder gesellschaftlichen Rechtspflege Rechtsstreitigkeiten bzw. Rechtsverletzungen im Prozeß des Wirkens des Rechts beseitigen mußte.

Die Vielfalt der Wirkungsbedingungen des sozialistischen Rechts wird von verschiedenen Autoren betont.[13] Um sie weiter zu erforschen, ist es zweckmäßig, sie zunächst in bestimmte Gruppen einzuteilen. Eine Klassifizierung scheint gegenwärtig nicht möglich zu sein, weil die ungenügende wissenschaftliche Einsicht in den Stellenwert einzelner Bedingungen es derzeit nicht möglich macht, Klassifizierungskriterien zu entwickeln. Wir schlagen deshalb vor, zunächst ganz pragmatisch, die Wirkungsbedingungen des sozialistischen Rechts in folgende Gruppen einzuteilen:

a) *Makrosoziale Wirkungsbedingungen.* Darunter sind jene zu verstehen, die im Rahmen der gesamten Gesellschaft in bestimmten Etappen ihrer Entwicklung existent sind und das Wirken des sozialistischen Rechts direkt oder indirekt fördernd oder hemmend beeinflussen.

   Mit an erster Stelle müssen in dieser Gruppe genannt werden: die tatsächlich vorhandenen realen Möglichkeiten und Fähigkeiten zur bewußten Ausnutzung der objektiven Gesetze des Sozialismus, das Niveau der Übereinstimmung zwischen gesellschaftlich-objektiven Erfordernissen und individuellen und kollektiven Interessen als der entscheidenden Grundlage für die tendenziell wachsende freiwillige Einhaltung und Befolgung des sozialistischen Rechts, der Stand des sozialistischen Bewußtseins und der politisch-moralischen Einheit des Volkes und die Art, Intensität und Entwicklung des Klassenkampfes zwischen Imperialismus und Sozialismus.

b) *Wirkungsbedingungen, die mit der politischen Organisation und ihrer Tätigkeit zusammenhängen.* Dazu gehören vor allem: die Führungstätigkeit der marxistisch-leninistischen Partei, speziell im Hinblick auf die Entwicklung und Festigung der sozialistischen Rechtsordnung und das Niveau der staatlichen Tätigkeit zur Durchsetzung des sozialistischen Rechts sowie zur Vorbeugung, Aufdeckung und Bekämpfung von Rechtsverletzungen, die Qualität der staatlichen Tätigkeit in der Rechtssetzung, das Niveau und der Umfang der Einbeziehung der Werktätigen in die staatliche Leitungstätigkeit und die auf Rechtssetzung und Rechtsverwirklichung bezogenen Aktivitäten der gesellschaftlichen Organisationen, insbesondere der Gewerkschaften.

c) *Mikrosoziale Wirkungsbedingungen.* Das sind jene im unmittelbaren Lebens- und Aktionsbereich der Rechtssubjekte vorhandenen, das Wirken des Rechts beeinflussenden Faktoren wie: die in Kollektiven, sozialen Kleingruppen und Familien anerkannten moralischen und anderen Normensysteme und ihre ideologischen Wertorientierungen, soziale Zusammensetzung von Kollektiven und Gemeinschaften, das Klima in bezug auf das Recht in Betrieben und anderen Produktionseinheiten usw.

d) *Persönlichkeitsbedingte Wirkungsbedingungen* wie: Alter, Bildungsgrad, individuelle Wertorientierung, berufliche Tätigkeit und Erfahrung. Diese Wirkungsbedingungen sind mit der Persönlichkeit als sozialer Qualität verbunden und treten mit ihr im Wirkungsprozeß des Rechts in Erscheinung; gleich, ob die Persönlichkeit selbst als Rechtssubjekt agiert (sog. natürliche Person) oder als Teil eines Rechtssubjekts (sog. juristische Person).

Das Prinzip der Gesetzlichkeit verlangt neben der freiwilligen Einhaltung des sozialistischen Rechts auch die Kontrolle über diese Einhaltung. Das betrifft nicht nur die Bürger, sondern ebenso auch jeden Staatsfunktionär und den ganzen Staatsapparat. Versuchen wir, uns einen Überblick über das System der Kontrolle der Einhaltung des Rechts zu verschaffen, so können wir feststellen, daß es z. B. hinsichtlich der Einhaltung der Strafrechtsnormen ein an und für sich sehr gut ausgearbeitetes System gibt. Wie weit es funktioniert, so daß der Grundsatz, daß keine Straftat unentdeckt bzw. nicht ohne Reaktion bleiben darf, verwirklicht wird, steht auf einem anderen Blatt und soll hier nicht diskutiert werden.

Ein *Problem eigener Art ist die Kontrolle* der Einhaltung der Gesetzlichkeit in der Tätigkeit staatlicher Organe und Betriebe sowohl im Prozeß der eigenen Arbeit, als auch im Verhältnis zu den Bürgern und in bezug auf den Schutz des sozialistischen Eigentums und seine Mehrung oder Erhaltung. Dies hängt auf der einen Seite mit dem Problem der Bildung unserer Staatsfunktionäre, der Erhöhung ihrer Sachkenntnis einschließlich der Rechtskenntnisse und der Ausbildung ihrer Fähigkeiten, staatliche Aufgaben wahrzunehmen und sie im Verhältnis zu den Bürgern richtig zu verwirklichen, so daß die Initiativen der Bürger gefordert und nicht gelähmt werden, zusammen. Die strikte Wahrung der sozialistischen Gesetzlichkeit, welche die Entwicklung der Gesellschaft fördern und die schöpferischen Kräfte und Talente der Bürger zur Geltung bringen soll, verlangt ein hohes Maß an Bildung und Kultur in der Tätigkeit der Staats- und Wirtschaftsfunktionäre, des gesamten Staats- und Wirtschaftsapparats. Viele Schwierigkeiten, Reibungen und Konflikte wären dadurch vermeidbar. Die Partei hat auf diese Problematik schon des öfteren aufmerksam gemacht und die Anstrengungen, die unternommen werden, um diese Frage zu lösen, sind nicht zu übersehen.

Ein weiteres Problem ist die *Entfaltung der öffentlichen Kontrolle* und die Wirksamkeit ihrer Ergebnisse. Große Potenzen liegen im sozialistischen Wettbewerb, wenn er dort, wo er wirklich seine stimulierende Kraft entfalten kann, auch als Instrument zur strikten Wahrung der Gesetzlichkeit genutzt wird. Dabei geht es nicht allein um die sehr bedeutsame Bewegung für vorbildliche Ordnung und Sicherheit, bei der man darauf zu achten haben wird, daß sie nicht einfach zu einer Routine verflacht – eine Gefahr, in der so manche solcher Bewegungen schwebt, wie Lenin schon verschiedentlich anmerkte –, sondern darum, daß der Wettbewerb bewußt zur Erhöhung der Gesetzlichkeit genutzt wird. Dabei darf nicht nur *schlechthin das Ergebnis als solches,* sondern *auch das Wie* seines Zustandekommens gewertet und ausgewertet werden. Große Potenzen liegen auch in der Tätigkeit der gesellschaftlichen Organisationen, der Arbeiter- und Bauerninspektion sowie im gesamten Eingabewesen. Es hat für uns jedoch den Anschein, daß alle diese, für die Qualifizierung der Tätigkeit des gesamten Staats- und Wirtschaftsapparats bedeutsamen Ergebnisse, irgendwie ressortmäßig vereinzelt bleiben. Ihre Zusammenfassung und Verallgemeinerung dürfte daher eine wichtige Frage sein. In diesem Zusammenhang – so scheint es – sind die Potenzen der Volksvertretungen noch nicht ausreichend ausgeschöpft. Ebenso wie es auch denkbar wäre, die Rolle der Abgeordneten bei der Ausübung der öffentlichen Kontrolle in ihrem Zusammenwirken mit den Werktätigen in ihrem Wirkungsbereich zu erhöhen.

Weitere *neuartige Probleme* ergeben sich für die Durchführung der Kontrolle über die Sicherung und Einhaltung der Gesetzlichkeit aus der Notwendigkeit, die Effektivität des sozialistischen Rechts, seine gesellschaftliche Wirksamkeit zu kontrollieren bzw. zu analysieren. Die Effektivitätskontrolle verkörpert in operativer Weise die Einheit von Rechtsbildung und Durchsetzung des sozialistischen Rechts, von Beschlußfassung und Kontrolle der Durchführung der Beschlüsse, indem sie den Gesetzgeber ständig darüber informiert, ob er die angestrebten sozialen Ziele mit bestimmten rechtlichen Regelungen erreicht hat oder nicht und welche Maßnahmen gegebenenfalls zur Veränderung der Normen oder zur Durchsetzung geltender Normen einzuleiten sind. In den letzten Jahren ist die Forderung nach staatlicher Effektivitätskontrolle mehrfach in sozialistischen Ländern gesetzlich fixiert worden. In der DDR wurde das u. a. mit dem Gesetz über den Ministerrat[14] verwirklicht. In § 8 dieses Gesetzes beauftragt die Volkskammer den Ministerrat, die Wirksamkeit der Rechtsvorschriften ständig zu analysieren, um sie den Erfordernissen der Gestaltung der entwickelten sozialistischen Gesellschaft anzupassen. Die gesellschaftliche Wirksamkeit des sozialistischen Rechts zu kontrollieren bedeutet, das Wirken des geltenden Rechts ständig zu beobachten, Abweichungen der faktisch eingetretenen Wirkung von der Zielsetzung rechtlicher Regelungen zu signalisieren oder dort, wo solche Abweichungen zu erwarten sind, Vorkehrungen zu veranlassen oder zu treffen, damit diese Abweichungen gering gehalten werden. Auch geht es darum, das Aufwand-Nutzen-Verhältnis rechtlicher Regelungen zu prüfen. Dies ist eine besonders wichtige und dringliche Angelegenheit, denn die Festlegung des Parteiprogramms, den Aufwand der staatlichen Leitungstätigkeit zu senken, gilt sinngemäß auch für die rechtliche Regelung gesellschaftlicher Verhältnisse und ihre Durchsetzung. Es kann nicht darum gehen, Ergebnisse rechtlicher Regelungen um jeden Preis zu erreichen, sondern wir müssen auch nach den rationellsten Mitteln und Wegen suchen, um diese Ergebnisse zu erreichen. Dies ist sowohl eine Aufgabe der Gesetzgebung wie der Rechtsverwirklichung.

Die Analyse und Kontrolle der gesellschaftlichen Wirksamkeit des sozialistischen Rechts ist ein Bestandteil der staatlichen Leitungstätigkeit. Es gilt nicht nur, mit dem Recht zu leiten, sondern man muß sich auch um die Ergebnisse kümmern, die dabei herauskommen. Die Verantwortung der Rechtswissenschaft muß auch hierbei darin bestehen, die zahlreichen, noch ungeklärten theoretischen und methodischen Fragen, die mit der Analyse der gesellschaftlichen Wirksamkeit des Rechts zusammenhängen, aufzugreifen und zu versuchen, einer Lösung zuzuführen.

Mit den hier aufgeworfenen Problemen sollte sichtbar gemacht werden, daß die Gesetzlichkeit nicht ein statischer Zustand ist, der nur einmal errungen werden muß, sondern daß er ständig – den Notwendigkeiten und Möglichkeiten der Beherrschung der gesellschaftlichen Prozesse gemäß – auf höherem Niveau hergestellt werden muß. Heute stehen wir vor der Aufgabe, die der entwickelten sozialistischen Gesellschaft gemäßen Formen der sozialistischen Gesetzlichkeit auszuarbeiten. Ob das, was hier gesagt wurde, das Geeignete ist, mag dahingestellt bleiben. Wichtig aber ist dies: *Wir müssen uns des Problemreichtums der Gesetzlichkeitsproblematik immer bewußt bleiben, damit wir das anzustrebende, theoretisch ausformulierte Ideal nicht schon für die Wirklichkeit nehmen* und damit schließlich auch in unseren theoretischen Aussagen zu erstarren beginnen, wenn wir von der sozialistischen Gesetzlichkeit sprechen.

Anmerkungen

1 Lenin, Werke, Bd. 29, S. 547.
2 Lenin, Werke, Bd. 33, S. 161.
3 Lenin, Staat und Revolution, Werke, Bd. 25, S. 393 ff.
4 Lenin, Werke, Bd. 25, S. 476.
5 Heuer, Gesellschaftliche Gesetze und politische Organe, Berlin 1974, S. 138 f.
6 Vergleiche AGB, § 53.
7 Reintanz, Weltraumrecht, Berlin 1967.
8 VO über die Durchführung der Organtransplantation, Gesetzblatt, Teil I, 1975, S. 597.

9 Vgl. hierzu: Artikel 12 Abs. 1 und Artikel 14 der Verfassung der DDR vom 6. 4. 1968 (GBl. I/S. 199) mit den gleichen Artikeln in der Fassung des Gesetzes zur Änderung der Verfassung vom 7. 10. 74 (GBl. I, S. 432).

10 Arthur Kaufmann, Rechtsfreier Raum und eigenverantwortliche Entscheidung, in: FS Maurach, Karlsruhe 1972, S. 327 ff.; Heidrich Canes, Der rechtsfreie Raum, Berlin-West 1976, S. 26 ff.

11 Band 4 AML AST, S. 80 ff.

12 Marx-Engels-Werke, Bd. 20, S. 264.

13 Vgl. u. a.: Marxistisch-leninistische Staats- und Rechtstheorie, Bd. 4, S. 194 Berlin; Erich Buchholz, in: Staat und Recht, 1974, S. 2021 ff.; ders., Staat und Recht, 1975, S. 1515 ff.; U.-J. Heuer, in: Staat und Recht, 1976, S. 370 ff. (H. 4).

14 Gesetz über den Ministerrat, Gesetzblatt Teil I, Nr. 16, vom 16. 10. 72, S. 253.

Harri Harrland

Konfliktkommissionen – Rechtsverwirklichung durch die Werktätigen

Die sechzigjährige Geschichte des realen Sozialismus seit der Großen Sozialistischen Oktoberrevolution ist eine überzeugende Bestätigung der Auffassung W. I. Lenins, daß Verwirklichung der Macht der Arbeiterklasse und Entfaltung der sozialistischen Demokratie notwendig eine Einheit sind. Bereits im Entwurf des Programms der KPR(B) hieß es: „Die Sowjetmacht erleichtert nicht nur allseitig zum erstenmal in der Geschichte die Organisation der vom Kapitalismus unterdrückten Massen, sondern macht sie auch zur dauernden und unbedingten Grundlage des ganzen Staatsapparates, des lokalen und zentralen, von unten bis oben. Nur auf diese Weise wird für die Mehrheit der Bevölkerung der Demokratismus tatsächlich verwirklicht, d. h. die wirkliche Teilnahme der gigantischen Mehrheit des Volkes, der Werktätigen, an der Verwaltung des Staates, statt der faktischen Verwaltung des Staates hauptsächlich durch Vertreter der bürgerlichen Klassen, wie das in den demokratischen bürgerlichen Republiken zu sein pflegt."[1] Lenin sah die Hauptsache „für den Erfolg jedweder Tätigkeit" im Sozialismus immer in der breiten Einbeziehung der Werktätigen in die Gesellschaftsgestaltung.[2] Das bezog er ausdrücklich auch auf das Gerichtswesen.[3]

Wie in allen Bereichen des staatlichen Wirkens hat sich im Verlauf der sozialistischen Entwicklung in der DDR auch in der Rechtspflege eindeutig erwiesen, daß die Wirksamkeit der staatlichen Leitung dadurch bestimmt wird, wie es gelingt, „die gigantisch schwierige Aufgabe" zur „Heranziehung aller Werktätigen ohne Ausnahme zur Verwaltung des Staates"[4] fortschreitend zu bewältigen.

Wenn wir im 60. Jahr nach dem Roten Oktober konstatieren können, daß in der Deutschen Demokratischen Republik infolge der sozialistischen Produktions- und Machtverhältnisse als Bestandteil der sozialen Sicherheit eine hohe Rechtssicherheit gewährleistet ist, so beruht dies wesentlich darauf, daß in unserem Lande zielstrebig und beharrlich der Grundsatz verfolgt wird, die Rechtspflege unter Führung der Arbeiterklasse und ihrer marxistisch-leninistischen Partei als Anliegen aller Bürger zu gestalten. Das kommt bereits in der Rechtsetzung zum Ausdruck. Entwürfe grundlegender Gesetzeswerke werden in breiter Öffentlichkeit diskutiert. Über den Entwurf der Verfassung der DDR wurde z. B. in 750 000 öffentlichen Veranstaltungen, an denen 11 Millionen Bürger teilnahmen, beraten. An der umfassenden Diskussion über den Entwurf unseres Arbeitsgesetzbuches haben 5,8 Millionen Werktätige teilgenommen. 147 806 Vorschläge, Hinweise und Anfragen gab es, darunter 39 533 Änderungs- und Ergänzungsvorschläge. Das führte u. a. zu 90 inhaltlichen und 144 redaktionellen Veränderungen.

Seinem Klassenwesen gemäß lebt und wirkt das sozialistische Recht, das die Interessen der Arbeiterklasse und aller Werktätigen zum Ausdruck bringt, vor allem dadurch, daß die arbeitenden Menschen die Verwirklichung ihres Rechts zu ihrer eigenen Sache machen. Diesem demokratischen Charakter der sozialistischen Gesetzlichkeit entspricht die breite und wachsende ehrenamtliche Teilnahme der Bürger an der Rechtsverwirklichung. Das gilt nicht zuletzt für die Rechtspflege. Für all ihre Bereiche ist heutzutage die umfassende Mitwirkung der Bürger kennzeichnend. Eine wesentliche und wachsende Rolle kommt z. B. dem Wirken der gesellschaftlichen Gerichte zu. Speziell in Gestalt der Konfliktkommissionen in den sozialistischen Betrieben und Einrichtungen ist im Verlauf von nunmehr fast 25 Jahren eine gewichtige demokratische Potenz für die Verwirklichung der sozialistischen Rechtsordnung im Leben unseres Volkes herangewachsen.

Die über 25 000 Konfliktkommissionen mit ihren mehr als 225 000 Mitgliedern sind in ihrer rechtsprechenden und zugleich rechtserzieherischen Tätigkeit sinnfälliger Ausdruck sozialistischer Rechtspolitik, die sich auf die wachsende Bewußtheit der Massen stützt und zugleich dazu beiträgt, das sozialistische Bewußtsein der Werktätigen zu festigen und zu entwickeln. Während der letzten fünf Jahre führten sie rund 250 000 Beratungen über arbeitsrechtliche Konflikte, Straftaten von geringer Gesellschaftswidrigkeit, Verfehlungen und Ordnungswidrigkeiten, Schulpflichtverletzungen, grobe Disziplinwidrigkeiten anderer Art oder über kleinere zivilrechtliche Streitigkeiten durch. Indem sie vertrauensvoll mit den Beteiligten und ihren Arbeitskollektiven zusammenwirken und diese beraten, ferner durch ihre umfangreiche Sprechstundentätigkeit sowie die unzähligen Rechtsauskünfte und klärenden Gespräche erreichen die Konfliktkommissionen und ihre Mitglieder breite erzieherische Ausstrahlung. Sie genießen Achtung und Anerkennung der Werktätigen, die sich voll Vertrauen an sie wenden. Ihre Entscheidungen werden respektiert und in der Regel freiwillig befolgt.

Als gewählte Organe der Erziehung und Selbsterziehung der Werktätigen tragen die Konfliktkommissionen seit langem wirkungsvoll dazu bei, daß Gesetzlichkeit, Ordnung und Sicherheit in den Betrieben gewährleistet werden. Als ein Kennzeichen ihrer Wirksamkeit ist es anzusehen, daß nur etwa jeder 20. Strafrechtsverletzer, der sich vor einer Konfliktkommission zu verantworten hatte, später erneut als Straftäter in Erscheinung tritt.

Als rechtsprechende Organe sind Konfliktkommissionen praktisch für die Beratungen Entscheidungen aller Arbeitsrechtssachen in ihren Betrieben zuständig.

So wie die Handschrift der Arbeiterklasse das AGB geprägt hat, so besteht eine entscheidende Garantie auch seiner gesellschaftlichen Wirksamkeit darin, daß es mit der Kraft und unter Führung der Arbeiterklasse im Leben verwirklicht wird. Im Wirken der Konfliktkommissionen, von deren Mitgliedern 57,4 Prozent Produktionsarbeiter sind, zeigt sich dies besonders eindrucksvoll. In ihnen – wie in den gesellschaftlichen Gerichten überhaupt – verkörpert sich prägnant die sozialistische Auffassung von Rechtskultur. Sie zeigen besonders augenfällig das Wesen und die Überlegenheit der sozialistischen Demokratie. Deshalb werden sie von der imperialistsichen Propaganda bösartig verleumdet. Man gebraucht z. B. in der BRD für unsere Konflikt-Kommissionen den Begriff „Betriebsjustiz“ – wohl wissend, daß der Werktätige dortzulande diesen Begriff mit ganz konkreten Erlebnissen und Erfahrungen aus der rauhen Wirklichkeit des kapitalistischen Betriebsalltags verknüpft. „Betriebsjustiz“ – das ist nämlich in der BRD eine spezifische Form nackter Unternehmerwillkür reinsten Wassers, und zwar dergestalt, daß die kapitalistischen Betriebsleitungen massenhaft eine – selbst nach dortigem Recht illegale – *Privatjustiz* gegen Arbeiter und Angestellte praktizieren. Die „Juristenzeitung“ der BRD umschreibt das verschämt so: „Als Betriebsjustiz wird das in wirtschaftlichen Unternehmungen zu findende Sanktionssystem verstanden, mit dem diese Unternehmen auf Verstöße von Arbeitnehmern gegen bestimmte Verhaltensregeln durch Verhängung von buß- oder strafähnlichen Maßnahmen reagieren, vielfach, aber nicht immer, unter Einhaltung eines gerichtsähnlichen Verfahrens." Übersetzt heißt das: der private Betriebsschutz oder andere Beauftragte der kapitalistischen Unternehmer sind in Fällen von tatsächlichen oder vermeintlichen Rechts- und Disziplinverletzungen durch Arbeiter und Angestellte Untersuchungs- und Abstrafungsorgane zugleich. Und die Palette der Verhaltensweisen, auf die mit Sanktionen reagiert wird, ist breit. Nicht nur „Rauchen am Arbeitsplatz, Zuspätkommen oder unzureichende Ordnung am Arbeitsplatz" gehören dazu. „Verbreiten von Druckschriften und parteipolitische Betätigung" werden laut „Juristenzeitung" ebenso wie Eigentums- und Körperverletzungsdelikte im Betrieb mit Unternehmerstrafen geahndet. Auf diese Weise werden die Arbeiter zusätzlich unter Druck gesetzt. Ja, die Unternehmer begründen damit eine Art moderne Leibeigenschaft, indem sie von den betreffenden Werktätigen auf Gefahr einer Anzeige bei staatlichen Organen ein besonderes „Wohlverhalten" erpressen können. Hinzu kommt die verbreitete Gesinnungsschnüffelei, kommen die „politischen Überprüfungen" in Betrieben, in die sogar Privatdetekteien eingeschaltet sind. Der einzelne Arbeiter kann sich gegen die Privatjustiz der Unternehmer praktisch nicht zur Wehr setzen, denn es ist kaum zu glauben, aber es ist wahr: Das sogenannte Bundesarbeitsgericht hat entschieden, daß der Unternehmer gegenüber einem Arbeiter, der sich wegen einer Maßnahme des Unternehmers an ein sogenanntes ordentliches Gericht wendet, zur Kündigung berechtigt ist.

Es versteht sich, daß man dort, wo nur der Profit der Monopole zählt und wo man ein so elementares Menschenrecht wie das Recht auf Arbeit eingestandenermaßen nicht gewährleisten will und kann, auch gegen frei gewählte gesellschaftliche Gerichte der Werktätigen sein muß.

Es ist ja schon bezeichnend, daß man nicht einmal soviel Demokratie wagt, objektiv über unsere Konfliktkommissionen zu informieren. Aber es gehört wirklich schon ein Riesenmaß bougeoiser Abgebrühtheit und Perfidie dazu, im Zusammenhang mit kapitalistischer Unternehmerwillkür unsere Konfliktkommissionen, die Organe der Arbeiterklasse sind, auch nur zu erwähnen.

Die gesellschaftlichen Gerichte sind bekanntlich eine zutiefst demokratische Errungenschaft des realen Sozialismus in der DDR. In ihrem Wirken manifestiert sich eindrucksvoll, daß in der DDR, wo die Ausbeutung des Menschen durch den Menschen abgeschafft ist, die Rechtspflege fest in den Händen des Volkes liegt. Die gesellschaftlichen Gerichte gehören zu den wesentlichen rechtsstaatlichen Garantien der sozialistischen Gesetzlichkeit. Die Mitglieder der Konfliktkommissionen werden von ihren Arbeitskollegen im Betrieb auf gesetzlicher Grundlage frei und demokratisch gewählt. Sie sind als rechtsprechende Organe von den Betriebsleitungen und allen anderen staatlichen Organen unabhängig und nur an die Verfassung, die Gesetze und anderen Rechtsvorschriften der DDR gebunden. Ihre Stellung, Aufgaben und ihre Arbeitsweise sind durch Verfassung und Gesetz bestimmt. Sie sind fester Bestandteil des Gerichtssystems der DDR. Gegen jede ihrer Entscheidungen kann Einspruch erhoben werden, was zur Nachprüfung durch das Kreisgericht in einem gesetzlich geregelten Verfahren führt.

In der Tätigkeit der Konfliktkommission realisiert sich eine der vielfältigen Formen schöpferischer demokratischer Mitgestaltung, die als ein entscheidendes Grundrecht der Bürger der DDR verfassungsmäßig verbrieft ist (Artikel 21).

Die Mitglieder der Konfliktkommissionen verstehen ihre Tätigkeit mit Recht als eine spezifische Art der Teilnahme an der Machtausübung im Interesse der Werktätigen. Indem sie unmittelbar an der Durchsetzung ihres Klassenrechts mitwirken, tragen sie zu hoher Rechtssicherheit und damit sozialer Sicherheit bei.

Die Staatsanwaltschaft betrachtet es zusammen mit den Gewerkschaften als eine ihrer wichtigsten Aufgaben, die Konfliktkommissionen zu unterstützen und ihnen den Rücken zu stärken. Diese Unterstützung vollzieht sich in der Einheit mit der Sorge für die Gesetzlichkeit und gesellschaftliche Wirksamkeit der Entscheidungen der Konfliktkommissionen. Kennzeichnend ist heute die überwiegend gute Qualität der Konfliktkommissionsbeschlüsse. Im langjährigen Mittel werden z. B. lediglich 3,5 Prozent ihrer arbeitsrechtlichen Entscheidungen durch die staatlichen Gerichte aufgehoben oder abgeändert. Die Überprüfung der arbeitsrechtlichen Konfliktkommissionsbeschlüsse des laufenden Jahres durch die Staatsanwaltschaft hat wiederum ergeben, daß diese in der Regel gesetzlich begründete und überzeugungskräftige Entscheidungen treffen. In ihrem gesamten Wirken leisten sie einen wichtigen Beitrag zur Entwicklung des sozialistischen Rechtsbewußtseins, zur Erziehung der Bürger zur bewußt freiwilligen Einhaltung des sozialistischen Rechts.

Das demokratische Engagement der Mitglieder der Konfliktkommissionen kann nicht hoch genug gewürdig werden. Bequem sind sie für niemanden – weder pflichtvergessenen Arbeitskollegen, noch Betriebsleitungen und -leitern gegenüber, die es mit dem sozialistischen Recht nicht genau nehmen. Dabei haben sie unter verschiedenartigen Produktionsbedingungen Recht zu sprechen. Schicht- und Saisonarbeit spielen ebenso eine Rolle wie Operativität, Verzweigtheit und Vielschichtigkeit eines Produktionszweiges, etwa im Bauwesen. Funktionstüchtige gesellschaftliche Gerichtsbarkeit ist unter diesen Bedingungen eine bewußt gesellschaftsgemäße Anstrengung hohen Ranges. Wer sich ihr unterzieht, beweist vorbildliches sozialistisches Bewußtsein.

Die Tätigkeit der gesellschaftlichen Gerichte hat durch den IX. Parteitag der SED eine hohe Würdigung erfahren. Das Programm der SED sieht vor, die Rechte der gesellschaftlichen Gerichte zu erweitern.[5] Dies ist, so meine ich, auch als ein Auftrag an die wissenschaftliche Forschung zu verstehen, die mithelfen sollte, die dementsprechenden Wirkungsfelder zu erkunden sowie die Aufgaben und die Arbeitsweise der gesellschaftlichen Gerichte weiter zu profilieren. Hierbei handelt es sich um nicht mehr und nicht weniger als um einen Beitrag dazu, daß „erst mit dem Sozialismus, die rasche, wirkliche, wahrhafte Vorwärtsbewegung der Massen auf allen Gebieten des öffentlichen und persönlichen Lebens, zunächst unter Teilnahme der Mehrheit der Bevölkerung und später der gesamten Bevölkerung, einsetzen wird".[6] Die gesellschaftlichen Gerichte sind eine Form demokratischer Aktivität, die weit in die kommunistische Zukunft hineinweist. Wenn W. I. Lenin für die höhere Phase der kommunistischen Gesellschaftsformation prognostizierte: „Die Menschen werden sich daran gewöhnen, die elementaren Regeln des gesellschaftlichen Zusammenlebens ohne Gewalt und ohne Unterordnung einzuhalten",[7] so äußern sich die Keimformen des dementsprechenden gesellschaftlichen Mechanismus heute bereits und besonders im Wirken der gesellschaftlichen Gerichte, die – ohne jeglichen spezifischen Apparat – als gesellschaftliche Gremien der Werktätigen unermüdlich um die stetige Festigung der sozialistischen Gesetzlichkeit im Alltag besorgt sind.

Anmerkungen

1 W. I. Lenin, Werke, Bd. 29, Berlin 1961, S. 91.
2 W. I. Lenin, Werke, Bd. 33, Berlin 1962, S. 177.
3 W. I. Lenin, Werke, Bd. 27, Berlin 1960, S. 122.
4 W. I. Lenin, a. a. O.
5 Vgl.: Programm der Sozialistischen Einheitspartei Deutschlands, Dietz Verlag Berlin 1976, S. 43.
6 W. I. Lenin, Werke, Bd. 25, Berlin 1960, S. 486.
7 W. I. Lenin, Werke, Bd. 25, Berlin 1960, S. 470.

Gerhard Haney

Der Humanismus der sozialistischen Staats- und Rechtsordnung

Vielfältig ist vom Humanismus in unseren Tagen die Rede, von Menschlichkeit und Menschenwürde, von Frieden und Freiheit, von Gerechtigkeit und Gleichheit, von Gemeinschaft und Glück, von Menschenrechten und Menschenpflichten. Wo Ausbeutung und Unterdrückung überwunden werden und endgültig beseitigt sind, wo Menschen an einer gesicherten Zukunft gemeinschaftlich werktätig arbeiten, sind unverkennbare Wegzeichen des realen Humanismus gesetzt, wo von Arbeitslosigkeit, Existenzangst, Berufsverbot, Apartheid, Gewalttätigkeit, neu ausgedachten Massenvernichtungsmitteln und explosiver Zunahme des Verbrechens berichtet wird, zeigen sich die Brandmale des Antihumanen, des Unmenschlichen.

Was macht den Humanismus der sozialistischen Staats- und Rechtsordnung aus? Die bewußte Arbeiterklasse tritt mit dem von Marx formulierten kategorischen Imperativ ins Leben, *„alle Verhältnisse umzuwerfen“*, in denen der Mensch ein erniedrigtes, ein verlassenes, ein verächtliches Wesen ist.[1] Und sie kann dies nur tun in einer entsprechenden Organisation und Organisiertheit, in einer bestimmten faßbaren Ordnung. Das drückt sich in ihrer Partei und in ihrem Staat aus. Der sozialistische Staat und das sozialistische Recht sind deshalb notwendige Erscheinungsformen und Mittel der sittlichen, humanen Grundaufgaben der sozialistischen Gesellschaft. Die handelnden Menschen vollziehen ihren Zusammenschluß mit der Wirklichkeit nie nur allgemein-theoretisch oder philosophisch-erkennend, sondern eben immer nur im tätigen gesellschaftlichen Zusammenhang. Deshalb ist die praktische gesellschaftliche Seite gegenwärtig und hinsichtlich der erkennbaren Zukunft notwendigerweise staatlich und rechtlich vermittelt, und das sogar in steigendem Maße; denn ebenso wie die gesellschaftlichen Wechselbeziehungen des Sozialismus sich verdichten, qualitativ und quantitativ reicher werden, wird auch das Handeln jedes einzelnen in diesem Zusammenhang gewichtiger, bedeutungsvoller. Damit wachsen die gesellschaftlichen Ansprüche an den einzelnen wie auch die des einzelnen an die Gesellschaft.

1. Staat und Recht sind also nicht nur Begleitumstände oder gar Randbedingungen, sondern unerläßliche Voraussetzungen und Ausdrucksformen für einen realen Humanismus. Marx bekennt von sich, daß er die Lehre vom Klassenkampf bis hin zur Lehre von der politischen Macht der Arbeiterklasse entwickelt hat, und Lenin sieht hierin gleichfalls das Wesentliche der Marxschen Leistung für den historischen Materialismus.

Worum wurde vor 60 Jahren am erbittertsten gestritten, politisch und ideologisch, und was steht heute und sicher künftig ebenso im Mittelpunkt? Es war, es ist und es wird sein die Frage nach der Errichtung der proletarischen Macht, nach ihrer Behauptung und Entwicklung. Welches andere Mittel hat das Proletariat, sich und die Gesellschaft zu befreien, als seine Organisation, ausgedrückt in seiner Partei und in seiner Staatsmacht? Welchen anderen Weg zur menschlichen Befreiung gibt es, inwiefern läßt sich die zur Liquidation des Privateigentums an den Produktionsmitteln erforderliche soziale Energie ohne den sozialistischen Staat herstellen, ohne ihn der hierfür nötige soziale Zwang ausüben?

Höchster Ausdruck des Humanen ist die Identifikation des Menschen mit sich selbst, hergestellt im Handeln, im werktätigen Prozeß. Die klassische bürgerliche Philosophie und auch Literatur wollte und konnte diese Identifikation des Menschen mit sich selbst nur im Ideellen sehen, hergestellt über die Bildung, über Appelle an die Vernunft, durch abstrakte Handlungsgebote, durch allgemeine sittliche Forderungen. Das Handeln ist stets gesellschaftlichen Charakters. Sollen darin nicht solche Wirkungen entstehen, die gegen den Menschen gerichtet sind, ist eine solche Verbindung der Menschen erforderlich, die zugleich ihre eigene gesellschaftliche Vereinigung ist. Diese Macht „ihrer eigenen Vereinigung",[2] unter der die Menschen „Herren ihrer eignen Art der Vergesellschaftung, damit zugleich Herren der Natur, Herren ihrer selbst"[3] sind und werden, ist der sozialistische Staat. Identifikation des einzelnen mit sich selbst erfordert sonach die Identifikation mit der sozialistischen Staatsmacht und ihrem Recht, als dem unverzichtbaren Ausdruck und Instrument wirklicher Gemeinschaftlichkeit und eines realen Humanismus. Alle Versuche, den Humanismus abseits und jenseits vom sozialistischen Staat begründen zu wollen, solche Versuche gab es ja erst kürzlich in unserem Lande, das versuchte schon Kautsky vor 60 Jahren, mit ihm und vor ihm Bernstein und andere, das propagierten die Schildträger der Konterrevolution vor 10 Jahren in unserem Nachbarlande und das predigen unablässig alle Vertreter eines sogenannten ethischen oder demokratischen Sozialismus, einer philosophischen Anthropologie, sind nicht nur auf Sand gebaut, sie verhindern den realen Humanismus.

Jeder Anspruch, die Wirklichkeit beherrschen zu wollen, bleibt dann beschränkt und unerfüllt, wenn das Verhältnis zur jeweiligen staatlichen Macht und ihrer Ausübung ausgespart bleibt, nur beiläufig, allenfalls als eine Art Randbedingung erscheint. Das Politische und damit das Staatliche kann nicht nur als eine Art Umfeld für die humanistische Gestaltung der Gesellschaft angesehen werden; entweder es verhindert sie, wie es die bürgerlichen Machtverhältnisse tun, oder es ermöglicht sie, schließt sie ein und setzt sie voraus, wie das die sozialistische Staatsmacht tut. Nur im Zusammenschluß der Menschen mit ihrer Wirklichkeit kann sich das Humane, Menschliche offenbaren, denn die humanistischen Ideale können nur darin bestehen und entwickelt werden, daß die Aufgaben und Ziele des Klassenkampfes des Proletariats bis hin zur Machteroberung und zur weitergehenderen Gestaltung dieser Macht formuliert und umgesetzt werden. Alles andere bleibt abstraktes, unwirkliches und darin zugleich inhumanes Humanisieren und Moralisieren.

Daraus folgt, daß alle gesellschaftswissenschaftlichen Disziplinen, die dem Humanen verpflichtet sind, das Verhältnis zu Staat und Recht nicht aussparen, nicht nur als beiläufig ansehen können. Das gilt besonders für die Geschichtswissenschaft, die Ethik, für die Literaturwissenschaft, für alle, die sich mit der geistigen Kultur beschäftigen. In der Literatur der Vergangenheit schlossen sich Macht und Humanität gegenseitig aus, ihr Verhältnis zueinander war ein negatives. Wir finden das bei Hermann Hesse, Franz Kafka, Hans Fallada, in Bölls Erzählungen und bei vielen anderen. Fast durchgängig wird die Fremdheit und Feindlichkeit der dem Menschen entgegengesetzten, unzugänglichen, anonymen Macht beklagt. Mit der sozialistischen Revolution findet die Aufhebung des Gegensatzes von Macht und Menschlichkeit statt, erstmalig wird die politische Macht Gestaltungsinstrument des Humanen.

2. Um den Humanismus unserer Ordnung und auch die künftigen Aufgaben zu begreifen, ist es immer wieder nötig, die geschichtliche Erfahrung zu bemühen. Wir wissen, wie Vergangenes, Gegenwärtiges und Künftiges ineinandergefügt sind. Auch dem eigenen Leben gegenüber als Geschichtsbetrachter aufzutreten, ist dabei nützlich. Das Selbsterlebte wird dann überdacht, das selbst Erfahrene betrachtet, gewertet, gemessen. Es wird an dem heutigen Wissen geprüft. Auf diese Weise erweitert sich die eigene Erfahrung. Das Wissen um die Zusammenhänge des eigenen Lebens vervollständigt sich so. Goethe prägte den Satz: „Jeden Tag hat man Ursache, die Erfahrung aufzuklären und den Geist zu reinigen." Häufig, allzu häufig sind wir geneigt, nur die künftigen Aufgaben als interessant anzusehen, das Bisherige wird oft abgeschnitten, gilt als ad acta gelegt. Wir werden unsere Aufgaben aber nur richtig bestimmen und bewältigen können, wenn wir auch das Bisherige erkennen, es richtig analysieren, auch mit seinen Irrtümern und Fehlern. Sonst geraten wir in die Lage dessen, der voller Geschäftigkeit von einer Aufgabe in die andere stürzt und infolge seiner Vielgeschäftigkeit am Ende gar nichts bewirkt, sondern Hektik verbreitend auf der Stelle tritt.

Hier können nur grobe Striche angebracht werden. Wie haben wir den Humanismus unserer Gesellschaft bisher ausgeprägt? Die Überwindung der Ausbeutung und Unterdrückung, die zielstrebige Friedenspolitik des Sozialismus, von seiner ersten Verlautbarung an, haben zu einer alltäglichen, gewohnten Sicherheit für jeden einzelnen geführt, in der die Angst und die Sorge vor dem Morgen verbannt sind. Das setzt aber auch neue Widersprüche, dergestalt zum Beispiel, daß dieses Bewußtsein oder auch Gefühl, in Sicherheit zu leben, sich selbst also ständig gewiß zu sein, durchaus zur Sorglosigkeit verführen kann. Manches Verbrechen wurde dadurch erleichtert.

Die von vielen nicht mehr gekannte Diskriminierung anderer Völker, der längst überwundene Chauvinismus und andere für uns erledigte inhumane Erscheinungen der Vergangenheit, dürfen uns nicht vergessen lassen, daß diese Erscheinungen, Denkhaltungen und Absichten in einem Teil der Welt nach wie vor lebensbedrohend vorhanden sind und von uns beständig aktiv bekämpft werden müssen.

Realer Humanismus prägt das Gesicht unserer Schule, unserer gesellschaftlichen Erziehung allgemein. Man blicke in unsere Schulbücher, in die Lesetexte, prüfe die Möglichkeiten, die allen Kindern offenstehen, sich nach allen Seiten hin auszubilden, in Arbeitsgemeinschaften, in musischer, sportlicher, polytechnischer, in jeder Hinsicht. Hierin wird eigentlich für den aufmerksamen Beobachter das bereits greifbar, was Marx als Ziel für die neue Gesellschaft setzte, nämlich „die im universellen Austausch erzeugte Universalität der Bedürfnisse, Fähigkeiten, Genüsse, Produktivkräfte etc. der Individuen".[4]

Die Frage ist jedoch, ob wir uns dieser universellen Entwicklung jedes einzelnen auch gewachsen erweisen, z. B. von der staatlichen Leitung her. Die von uns selbst geschaffenen Bedingungen wirken auf uns zurück.

Die reale humanistische Sicherheit unserer Gesellschaft läßt vieles für den einzelnen auch als durchaus vorprogrammiert erscheinen. Notwendige Konflikte und Widersprüche werden von einzelnen häufig als unnormal empfunden, was unter Umständen seine Leistungsbereitschaft und seine Fähigkeiten entgegen den Möglichkeiten einschränkt.

Realer Humanismus prägt auch das Gesicht unserer Justiz. Der bürgerliche Staatsanwalt und Richter hat sich nicht zu fragen und könnte sich die Frage nie beantworten, was den einzelnen straffällig werden läßt und wie er zu einem gesellschaftsgemäßen Verhalten erzogen werden kann. Diese Schwierigkeit ist allein der sozialistischen Justiz aufgebürdet. Bestimmte Formen der Kriminalität sind uns nur noch vom Hörensagen oder aus der Fernbesichtigung einer uns fremden Gesellschaft bekannt, eine Kriminalität, die oft mehr als manche umfangreiche Analyse über die Gewalt, die Roheit, Menschenfeindlichkeit und Unsicherheit des Kapitalismus aussagt.

Es geht mir mit dieser Bemerkung einfach darum, daß wir unser gesellschaftliches Selbstverständnis als eine Form humanistischen Selbstbewußtseins notwendigerweise vertiefen müssen, als stetes Bewußtsein des bereits Errungenen, als eine Form der bewußten Sichtbarmachung des Sozialismus als der menschlichen Gesellschaft im großen wie im kleinen, als Bewußtsein der höheren geschichtlichen Dimension unserer Verhältnisse und zugleich als Voraussetzung für die unablässig zu verbreiternde Nutzung aller Vorzüge der entwickelten sozialistischen Gesellschaft.

3. Das im Programm der SED genannte erste Merkmal der entwickelten sozialistischen Gesellschaft lautet, „alle materiellen, sozialökonomischen und politisch-ideologischen Voraussetzungen zu schaffen, damit der Sinn des Sozialismus, alles zu tun für das Wohl des Volkes, für die Interessen der Arbeiterklasse, der Genossenschaftsbauern, der Intelligenz und der anderen Werktätigen, auf ständig höherer Stufe verwirklicht wird".[5] Was heißt Sinn, was heißt Wohl? Der Sinn eines beliebigen Objekts erschließt sich mir durch ein weltanschaulich bewußtes, humanistisches Verhältnis zu ihm. Der Sozialismus mit seinen Vorzügen kann dem einen durchaus als ein geruhsames, risikofreies, sicherheitsgewährendes Ruhepolster dienen, dem anderen jedoch als die endlich erreichte Grundlage, sich aktiv schöpferisch in Verwirklichung seiner Menschenwürde zu betätigen.

Ein restauriertes Renaissanceschloß ist dem einen nostalgische Befriedigung, dem anderen hingegen Ausdruck der schöpferischen Arbeit von werktätigen Menschen der Vergangenheit, Forderung und Aufgabe, deren Ausdrucksform zu erhalten und zu bewahren.

In dem einen Falle erhalten und behalten die Dinge Gewalt über den Menschen, in dem anderen beherrscht er sie und eignet sie sich gern an, werden sie Bestandteil seiner geistigen Kultur. Daran ist zu demonstrieren, daß und wie der Sinn aus der geistigen Wertorientierung durch die Gesellschaft allgemein, und das wird maßgeblich durch die staatliche Leitung vollzogen, wie durch jeden einzelnen gewonnen werden muß, wie hiervon die Motive des Lebens, Arbeitens, Lernens abhängen. Das reicht auch in die Vergangenheit. Der Direktor einer Schule, die den Namen Johann Gottlieb Fichtes trägt, kann den Wunsch von Eltern, Näheres über diesen Namenspatron den Schülern zu vermitteln, nicht dadurch abwehren, daß dies ein bürgerlicher Philosoph gewesen sei. Fichte hat sehr viel Gültiges zu unserem Thema gesagt. Seine letzte und höchste Frage lautete: „Welches ist die Bestimmung des Menschen überhaupt, und durch welche Mittel kann er sie am sichersten erreichen?"[6]

Nichts darf an Wertvollem verlorengehen. Die humanistische Gestaltung unserer Gesellschaft ist breit, unendlich vielfältig.

Damit soll zugleich gesagt sein, daß die weitere humanistische Gestaltung unserer Gesellschaft ganz direkte, elementare Forderungen in steigendem Maße an jeden einzelnen, an sein Verhalten, seine Bildung, seine humanistische Gesinnung stellt. Hätte zum Beispiel der einzelne Staatsfunktionär nur sehr eingeschränkte kulturelle Interessen, würde er schwerlich in seiner Tätigkeit die allgemeine geistige Wertorientierung der sozialistischen Gesellschaft realisieren können. Die Frage nach der Kultur der Politik weitet sich immer mehr zu einem eigenständigen Thema aus.

Dabei sollte die Sicht nicht nur vom sozialistischen Staat auf den Bürger gerichtet sein. Wenn eine grundlegende Gesetzmäßigkeit der sozialistischen Revolution in der Identifikation des einzelnen mit der sozialistischen Staatsmacht besteht, dann muß auch gefragt werden, wie der einzelne Bürger die staatlichen Organe sieht, welches Ansehen sie bei ihm genießen, welche Erwartungen er mit ihrer Tätigkeit verknüpft, welche natürliche Autorität sie für ihn besitzen, wie sie seine Bedrüfnisse und Interessen, also sein Wohl, befriedigen helfen.

Dabei ist Wohl nicht allein subjektives Wohlbefinden, sicher auch. Aber „Wohl“ hat auch eine objektive Seite. Derjenige, der sein Wohl jenseits und abseits der Gesellschaft sucht, verkürzt dadurch seine eigene humanistische Lebensgestaltung, die sich nur sinnvoll in der sozialistischen Gemeinschaft herausbilden kann.

4. Marx bestimmt bekanntlich die neue Gesellschaft als eine Vereinigung freier Menschen, „die mit gemeinschaftlichen Produktionsmitteln arbeiten und ihre vielen individuellen Arbeitskräfte selbstbewußt als eine gesellschaftliche Arbeitskraft verausgaben.“[7] Einerseits muß man sich wiederum darüber verständigen, welcher Graben und Abstand uns von der Gesellschaft des Egoismus trennt, als Teil des notwendigen Selbstverständnisses von uns selbst, und andererseits darüber nachdenken, welche neuen Probleme durch die Gestaltung der entwickelten sozialistischen Gesellschaft entstehen. Zum Beispiel haben die neuen Produktionsverhältnisse auf dem Lande einerseits vielem kleinlichen, egoistischen Zank und Streit einfach die Grundlage genommen, in den Nachbarschaftsbeziehungen, für Grenzstreitigkeiten, Auszugsverträge und Altenteile, zugleich aber andererseits auch neue Probleme für die Koordination und Kooperation der Kräfte und damit die weitere Vertiefung der Gemeinschaftlichkeit mit sich gebracht. Wo einst viele im unmittelbaren Kontakt Hand in Hand arbeiteten, sind oft nur noch wenige tätig. Das Verhältnis von Individuum und Gesellschaft und damit zugleich von Staat und Bürger ändert sich deshalb auch unausgesetzt und damit erhält die notwendige Identifikation des einzelnen mit sich selbst über den sozialistischen Staat immer wieder neue Problemstellungen.

Dabei haben wir es mit einer vergrößerten relativen Selbständigkeit des einzelnen bei gleichzeitiger Vertiefung der Kollektivität zu tun, einer Differenzierung der Individualität mit Erhöhung seiner Verantwortung, mit vielseitigen Interessen und Bedürfnissen auf der Grundlage eines höheren Grades der Vergesellschaftung. Die Individualität ist dabei nicht nur an einzelne Menschen gebunden, auch größere Kollektive, Betriebskollektive, Städte und Gemeinden haben ihr eigenes, spezifisches, unverwechselbares Gesicht, das es zu bewahren und zu gestalten gilt.

Es geht um beide Seiten zugleich, wie das übrigens auch in der betonten Einheit von Wirtschafts- und Sozialpolitik grundlegend ausgedrückt ist. Die individuellen Probleme dürfen nicht derart den Vorrang erhalten, daß darüber das gesellschaftliche Verpflichtetsein verlorengeht. Diskussionen zu Problemen der Entwicklung des sozialistischen Rechtsbewußtseins kreisten deshalb in der jüngsten Vergangenheit immer wieder um ein ausgewogenes Verhältnis von Recht und Pflicht.

5. Der Gegner benutzt gegenwärtig als eine hauptsächliche Waffe gegen uns sein individualistisches rechtliches Konzept. Das Menschliche wird entsprechend den Daseinsbedingungen des Kapitalismus nur als im Gegensatz zum Gesellschaftlichen, Staatlichen, Gemeinschaftlichen des Sozialismus existierend zu verbreiten gesucht. Wir geben diesem Angriff Nahrung, wenn wir das Gemeinschaftliche des Sozialismus in seinem durch die Wertvorstellungen der Arbeiterklasse geprägten politisch-staatlichen Inhalt vernachlässigen.

Mit der allgemeinen Berufung auf Freiheit, Gerechtigkeit und Menschlichkeit wird aber zugleich auch etwas geltend gemacht, wobei nicht nur entgegengesetzte, sondern zugleich auch gleichartige Wertvorstellungen angesprochen werden.

Engels verweist darauf, daß solche Ausdrücke wie „recht, unrecht, Gerechtigkeit, Rechtsgefühl" im „gewöhnlichen Leben bei der Einfachheit der Verhältnisse ... ohne Mißverständnis hingenommen werden"[8] und Marx spricht von den einfachen Gesetzen der „Sittlichkeit und Gerechtigkeit, die die Beziehungen zwischen Privatleuten regieren sollten",[9] ein Wort, das auch vom Programm der KPdSU 1961 aufgenommen wurde. Dort werden zur kommunistischen Moral gezählt, die revolutionäre Moral der Arbeiterklasse, dann die durch den Aufbau der neuen Gesellschaft geprägten sittlichen Grundsätze, ferner „die einfachen Normen der Sittlichkeit und Gerechtigkeit", sowie schließlich „die allgemeinmenschlichen Normen".[10]

Sofern nun ganz allgemein von Menschlichkeit und Gerechtigkeit gesprochen wird, können entweder alle diese Sphären oder auch nur einzelne von ihnen berührt werden. Das ist jeweils vom Bewußtsein des einzelnen abhängig. Der Imperialismus sucht vornehmlich das Bewußtsein in den Vorstellungsbereichen der einfachen Normen der Gerechtigkeit und der allgemeinmenschlichen Normen unberechtigt zu okkupieren, wobei er sich auch entgegen seiner Wirklichkeit weiterhin mit den nunmehr für ihn fremden Federn seiner Geburt zu schmücken sucht. Es erfordert schon eine gefestigte Klassenposition, um zu erkennen, daß und wie der Klassenkampf auch auf diesem Feld der einfachen Normen der Gerechtigkeit und dem der allgemeinmenschlichen Normen stattfindet. Um die tiefgehende Verwurzelung dieser Vorstellungen zu ermessen, braucht man sich nur die Frage zu beantworten, wo sie überall in der kulturellen Tradition, sei es in der geistigen Kultur, der Literatur oder bildenden Kunst, die ja einen nicht unerheblichen Teil des gesellschaftlichen Bewußtseins ausmachen, ihren Niederschlag gefunden haben und weiterhin lebendig sind. Wir brauchen nur an die philosophische Tradition zu denken oder an die Literatur, an Äsop, Aristophanes, Wieland, Herder, Lessing, Schillers Gesetzgebung des Lykurgus und Solon, an Kleist, Keller, Dostojewski, Dreiser und andere, an Sagen, Märchen und Parabeln. Vielfältige Fragen des Gerechten und Ungerechten, Menschlichen und Unmenschlichen finden sich hier.

Der Sozialismus läßt die Hoffnungen, Wünsche und Forderungen nach Menschlichkeit, Wirklichkeit werden. Erinnert sei daran, daß Lenin, wenn er von der Gesetzlichkeit sprach, immer betonte, daß es um die Herstellung „gesetzlicher und kultureller Zustände", um die Arbeit zur Herbeiführung von Gesetzlichkeit und Kultur ginge, daß man mit Kultur für die Gesetzlichkeit eintreten müssen. Das Thema „Recht und Kultur" wächst sich auch immer mehr zu einer eigenständigen Problematik für uns aus.

6. Der durch den sozialistischen Staat verkörperte reale Humanismus stellt sich deshalb nicht nur etwa in einer allgemeinen Beziehung her.

Hier existieren viele Vermittlungen, viele, ja unendliche Übergänge. Gerade die örtlichen Staatsorgane gestalten eine Vielfalt der Beziehungen zum Bürger, wobei in jeder einzelnen Beziehung das allgemeine Verhältnis mitgeformt wird. Vieles wäre hier zu nennen, die Bildung, die Gestaltung der Umwelt, die Versorgung, das Wohnen, die kulturellen Bedürfnisse, die Pflege von Traditionen, das Bewahren von kulturellen Errungenschaften, der Takt, die Höflichkeit, das kulturvolle Verhalten zueinander. Jede Störung des Zusammenlebens, durch Ordnungswidrigkeiten, durch kriminelle Handlungen, beeinträchtigen zugleich auch das gemeinschaftliche Verhältnis.

J. R. Becher sagte einmal: „Man soll über den Frieden schreiben, heißt es. Aber man schreibt nicht über den Frieden, indem man ausschließlich nur Friedensgedichte verfertigt, worin der Frieden gefordert, gepriesen oder worin die Kriegshetzer angeprangert werden. Man schreibt sehr wohl auch über den Frieden (sehr wohl *auch*), indem man über alles und jedes schreibt, was das Leben lebenswert macht. Ein Dichter, der uns lehrt, das Leben zu lieben, lehrt uns zugleich auch, das Leben zu verteidigen und den Frieden zu erhalten. Wenn wir lernen sollen, dem Frieden zu dienen, müssen wir zugleich auch zu leben lernen und dem Leben einen neuen wunderbaren Inhalt geben – für alle."[11]

Dieses Wort gilt im übertragenen Sinne auch für alle staatliche Tätigkeit. Der Humanismus des sozialistischen Staates äußert sich im Grundlegenden wie in der Vielfalt, im Allgemeinen wie im Einzelnen, im Kollektiven wie Individuellen, in der Gesamtheit der Beziehungen wie in jeder Tätigkeit, in jeder Form der geistigen, politischen und materiellen Kultur.

Anmerkungen

1 Marx, Zur Kritik der Hegelschen Rechtsphilosophie, Einleitung, Werke, Band 1, Berlin 1956, S. 385.
2 Lenin, Die große Initiative, Werke, Band 29, Berlin 1970, S. 412.
3 Engels, Die Entwicklung des Sozialismus von der Utopie zur Wissenschaft, in: MEW Band 19, Berlin 1962, S. 228.
4 Marx, Grundrisse der Kritik der politischen Ökonomie, Berlin 1953, S. 387.
5 Programm der Sozialistischen Einheitspartei Deutschlands, Berlin 1976, S. 19.
6 Fichte, Über den Gelehrten, 1956, S. 40.
7 Marx, Das Kapital, Band I, Werke, Band 23, S. 92.
8 Engels, Zur Wohnungsfrage, Werke, Band 18, 1962, S. 277.
9 Marx, Erste Adresse des Generalrats über den Deutsch-Französischen Krieg, Werke, Band 17, S. 3.
10 Siehe Näheres im Programm und Statut der KPdSU, Berlin 1961, S. 113.
11 J. R. Becher, Über Kunst und Literatur, Berlin 1962, S. 492.

Autorenverzeichnis

Prof. Dr. Wolfgang Weichelt
Direktor des Instituts für Theorie des Staates und des Rechts der AdW der DDR

Prof. Dr. Gerhard Schüßler
Rektor der Akademie für Staats- und Rechtswissenschaft der DDR

Prof. Dr. Juri Alexandrowitsch Tichomirow
Stellv. Direktor des Instituts für Staat und Recht der Akademie der Wissenschaften der UdSSR

Prof. Dr. Karl-Heinz Röder
Institut für Theorie des Staates und des Rechts der AdW der DDR

Prof. Dr. Werner Wippold
Sektion Rechtswissenschaft der Humboldt-Universität

Prof. Dr. Karl-Heinz Schöneburg
Institut für Theorie des Staates und des Rechts der AdW der DDR

Prof. Dr. Eberhard Poppe
Sektion Rechtswissenschaft der Martin-Luther-Universität

Willy Marlow
Vorsitzender des Rates des Bezirkes Rostock

Dr. Oswald Kleinpeter
Leiter der wissenschaftlichen Arbeitsgruppe beim Vorsitzenden des Rates des Bezirkes Rostock

Dr. Henning Schleiff
Oberbürgermeister der Stadt Rostock

Prof. Dr. John Lekschas
Dekan der gesellschaftswissenschaftlichen Fakultät der Humboldt-Universität

Prof. Dr. Karl A. Mollnau
Institut für Theorie des Staates und des Rechts der AdW der DDR

Dr. Harri Harrland
Stellvertreter des Generalstaatsanwaltes der DDR

Prof. Dr. Gerhard Haney
Sektion Rechtswissenschaft der Friedrich-Schiller-Universität

FSC
www.fsc.org
MIX
Papier | Fördert
gute Waldnutzung
FSC® C083411

Kolibri 360 GmbH
Ferdinand-Jühlke-Straße 7
99095 Erfurt, Deutschland
produktsicherheit@kolibri360.de